ヨーガの哲学

瑜伽哲学

[日] 立川武藏 著
吕其俊 译
李建欣 审定

华夏出版社
HUAXIA PUBLISHING HOUSE

Copyright © 2013 Musashi Tachikawa
Simplified Chinese Right ©2024 Huaxia Publishing House Co.,Ltd.
All rights reserved.

版权所有　翻印必究

北京市版权局著作权合同登记号：图字 01-2023-5965 号

图书在版编目（CIP）数据

瑜伽哲学 /（日）立川武藏著；吕其俊译. -- 北京：华夏出版社有限公司，2024.1
ISBN 978-7-5222-0606-6

Ⅰ．①瑜⋯　Ⅱ．①立⋯　②吕⋯　Ⅲ．①瑜伽派－哲学思想　Ⅳ．①B351

中国国家版本馆 CIP 数据核字(2023)第 237444 号

瑜伽哲学

著　　者	［日］立川武藏
译　　者	吕其俊
责任编辑	杜潇伟

出版发行	华夏出版社有限公司
经　　销	新华书店
印　　装	三河市少明印务有限公司
版　　次	2024 年 1 月北京第 1 版
	2024 年 1 月北京第 1 次印刷
开　　本	880×1230　1/32 开
印　　张	5.75
字　　数	110 千字
定　　价	59.00 元

华夏出版社有限公司　地址：北京市东直门外香河园北里 4 号
邮编：100028　网址：www.hxph.com.cn
电话：（010）64663331（转）

若发现本版图书有印装质量问题，请与我社营销中心联系调换。

前 言

赴美留学已经是十七八年前的事情了，在哈佛大学附近的公寓里，我彻夜阅读了近代美国著名印度瑜伽师尤迦南达[1]撰写的《一个瑜伽行者的自传》(Autobiography of a Yogi)[2]。作为印度哲学专业的学生，我觉得有必要阅读一些瑜伽方面的著作，但一直以来，我始终认为瑜伽只不过是遥远的"天竺"国中一些特殊人群的个体修炼方式。《一个瑜伽行者的自传》中所讲到的那些瑜伽行者，扎着如少女双马尾辫般的发髻，有着瘦骨嶙峋、骨骼尽显的姿态，确实已经超出我的认知范畴。况且瑜伽行者能够轻松地把脚弯曲到脖子后面，手也可以任意放置，这

---

[1] 帕拉宏撒·尤迦南达（Paramahansa Yogananda）：又称瑜伽难陀，生于 1893 年 1 月 5 日，卒于 1952 年 3 月 7 日，原名 Mukunda Lal Ghosh，是来自印度的瑜伽士，他撰写的《一个瑜伽行者的自传》(1936 年) 将冥想和克利亚瑜伽的教诲引介到西方。（文中注释部分皆为译者注）

[2] 《一个瑜伽行者的自传》(Autobiography of a Yogi) Paramahansa Yogananda 著，Self-realization Fellowship 出版，1974 年。

种如同杂技般的瑜伽表演，更是让我大为惊讶。

《一个瑜伽行者的自传》一书中，作者全面透明地向我们展示了一位极度专一的瑜伽行者的一生。书里讲到的这位瑜伽行者，就是晚年活跃于美国的著名印度瑜伽师尤迦南达，是在近代印度主义现代化方面极具成就的维韦卡南达[1]的弟子。通过对这本书的阅读，我领悟到瑜伽绝不仅仅是"天竺"所独有，只要有学习的欲望，无论身处世界何地，都有实践瑜伽的可能。通过阅读此书，我们知道这位瑜伽行者既存在于现实世界，也存在于与"世俗"世界完全不同的光辉之中，他的后半生有力地证明了这一点。

读罢此书，我非常兴奋，我也想像这位瑜伽行者一样去努力试试，并且决定首先成为像他那样的素食主义者，所以我顺手把公寓冰箱里的肉食全部送给了前来拜访我的友人。度过了几天素食生活后，我因事前往纽约。在接下来的两三天里，我还能坚持只吃一些由西红柿和鸡蛋制作的三明治，但过后我就再也不能忍受这种素食主义生活了。就这样，我在早早地打破了自己的誓言以后，对于实践瑜伽的热情也开始迅速冷却下来。而当时的我为什么会如此执着于素食呢？现在想来连自己都觉得奇怪。但无论如何，这就是我与瑜伽的第一次邂逅。

自美留学返回日本后不久，我有幸得到了翻译 M. 伊利

---

[1] 斯瓦米·维韦卡南达（Svāmi Vivekānanda）：直译辨喜，生于1863年1月12日，卒于1902年7月4日，出生时名 Narendranath Dutta。作为著名的印度教哲学家，他在瑜伽、吠檀多哲学等方面具有较大影响力，也是罗摩克里希纳的弟子与罗摩克里希纳机构的创办者。

亚德[1]的名著《瑜伽》[2]的机会。该书虽然是伊利亚德在自己的博士论文基础上加笔修改写成的，但却不仅仅是论述和瑜伽相关的内容，作者还试图从瑜伽的角度来书写印度宗教的思想史。

M.伊利亚德的观点是"世俗"的止灭可以得到"神圣"的显现[3]，其撰写的《瑜伽》一书也贯穿着这样的观点。他认为，在作为"世俗"的人类行为被止灭的同时，作为"神圣"的宇宙之光就会在瑜伽行者的身上显现。《瑜伽》一书认为，瑜伽是一种止灭"世俗"人类行为的方法。

我从《瑜伽》一书中学到了通过"圣"与"俗"这个两极概念来理解宗教现象。现在想来，为不辜负M.伊利亚德的努力，我们应该从更深远的意义上来理解"圣"与"俗"这个两极概念。但不管怎样，M.伊利亚德的《瑜伽》首先让我们了解到"圣"与"俗"这一宗教两极观点。对"宗教中的两极"这一观点的论述也是本书的基本核心内容。

1975年夏，《瑜伽》一书的翻译工作结束。在之后的十二年间，我先后十次前往印度和尼泊尔考察，到达在美国波士顿的公寓中通过阅读了解到的瑜伽行者所生长的土地。在这里，我

1　米尔恰·伊利亚德（【罗马尼亚语】Mircea Eliade）：生于1907年3月9日，卒于1986年4月22日，罗马尼亚宗教史学家、科幻小说作家、哲学家，美国芝加哥大学教授。

2　《瑜伽》：堀一郎主编、立川武藏日译，收于《伊利亚德著作集》第9、10卷，せりか書房出版社，1975年。原著 *La Yoga, Immortalité et Liberté*, Paris: Payot, 1954。

3　M.伊利亚德基于宗教提出的"圣显"（hierophanies）理论将人类对现实的体验分为"圣"与"俗"两部分。

亲眼看见瑜伽行者和印度教教徒的宗教行为实践。虽然很遗憾没有专门去拜师修炼瑜伽，但是我在考察中发现，瑜伽作为一种宗教实践在传承印度数千年传统的同时，实际上也产生了各式各样的修炼方式。瑜伽这种宗教实践与其他种类的宗教实践时而相互交融，时而彼此排斥，一直延续至今。尽管 M. 伊利亚德所撰写的《瑜伽》一书为我描绘了各种各样的瑜伽修习方式，但是我在亲眼看见印度和尼泊尔的瑜伽现实以后发现，瑜伽远比我想象的要复杂得多。

无论对于何种宗教现象，如果无视其成立的地点，就无法理解其本质。在十二年中，我数次前往印度和尼泊尔考察，这一方面有助于我从印度教的具体姿态入手去深入地理解瑜伽；另一方面，通过对加德满都盆地的实地调查，我接触到住在尼泊尔的藏传佛教信徒所传承的瑜伽形式。在本书中，我对比了在印度和尼泊尔考察时所见的印度教和藏传佛教的各种各样的宗教礼仪和实践形态，同时也思考了它们所传承的瑜伽特质。

但是，正如 M. 伊利亚德所言，如果能够止灭作为"俗"的人类行为，那么作为"圣"的宇宙之光或者说宇宙的本源，是不是就真的能够在实践瑜伽者的身上显现呢？当进入无意识的深处，在终止无意识的世界时，到底是什么在等待着瑜伽行者或者等待着我们呢？对我而言，这十几年来，这个疑问始终萦绕于脑海，挥之不去。

根据 M. 伊利亚德的论述，瑜伽是为显现"神圣"而准备的方法和途径。但是，显现这种"神圣"，在现代社会是否能够成为可能？如果能够成为可能，那么需要怎么做才能成为可能？如果瑜伽的实践方法是显现"神圣"的普遍方法，那么对于专门修习瑜伽的人来说，显现"神圣"就是可能的。尽管我们所有人都无法像古代印度的瑜伽行者那样生活，但从古至今，经过不同的历史时代，在不同的国家地区相继产生了各种各样的瑜伽形态，瑜伽的悠久历史至少为我们证明了瑜伽的"普遍性"。那么，时至今日，瑜伽到底有着怎样的"神圣的显现"呢？瑜伽作为一种具有普遍性的修炼方法，对我们而言，这种"世俗的止灭"和"神圣的显现"到底是什么？我一直努力把瑜伽当作自己的一个重要的研究课题加以消化吸收，如今有机会执笔与瑜伽相关的写作，我也想试着从实践的角度去理解、体悟瑜伽——这一宏大的印度传统的内涵与意义。

本书第一章首先介绍了出生于印度孟买市附近的瑜伽行者嘉纳释瓦[1]的短暂一生，以此作为思考瑜伽的着眼点或切入点。第二章从三个方面（目的、世界观、手段）来考察瑜伽这一宗教实践，并概述瑜伽的结构。第三章主要考察作为古典瑜伽的根本经典《瑜伽经》的思想。第四章主要探讨后世极为盛行，至今仍然极富有人气、被称为"哈达瑜伽"的精神生理学式的瑜伽行法的真实样态。第五章概述包括古典瑜伽和哈达瑜伽在

---

[1] 嘉纳释瓦（【梵语】Jñāneśvar）：又名 Sant Dnyaneshwar, Jnaneshwar, Jnanadeva, Dnyandev, Mauli, 译作智天，生于 1275 年，入定于 1296 年，是 13 世纪著名的印度马拉提圣人、诗人以及纳斯派（Nath）瑜伽士，其作品 *Jnaneshwari* 及 *Amrutanubhav* 是马拉提文学的基石。

内的印度"瑜伽的展开",关于佛教中的瑜伽(曼陀罗观想法和禅等)在本章中也有所述及。最后,第六章主要是基于瑜伽的历史来思考"瑜伽所追求的终极目标"。

目 录

第一章
一位圣者的入定 _1

第一节　阿兰迪神庙 _2
第二节　嘉纳释瓦生平 _9
第三节　维塔尔神信仰 _15

第二章
瑜伽哲学的本质 _19

第一节　作为行为的瑜伽 _20
第二节　瑜伽的目的 _24
第三节　瑜伽的世界观 _30
第四节　瑜伽的手段 _39

第三章
《瑜伽经》的哲学 _43

第一节　关于《瑜伽经》_44
第二节　《瑜伽经》哲学 _48
第三节　瑜伽八支 _56

第四节 "有种三摩地"与"无种三摩地"_67

第四章
哈达瑜伽行法 _71

第一节 哈达瑜伽的传统 _72

第二节 哈达瑜伽的准备 _77

第三节 体式 _81

第四节 五大元素与精身 _86

第五节 脉轮 _90

第六节 调息 _103

第七节 契印 _106

第八节 哈达瑜伽之三摩地 _109

第五章
瑜伽的展开 _115

第一节 初期的瑜伽 _116

第二节 巴克提瑜伽（献身瑜伽）_121

第三节 佛教思想与瑜伽 _127

第四节 曼陀罗与瑜伽 _138

第五节　禅 _ 148

第六章
瑜伽的追求 _ 153

第一节　超能力与瑜伽 _ 154

第二节　自我透析与瑜伽 _ 156

第三节　自律的完成 _ 158

第四节　投身眼下的大海吧 _ 160

第五节　控制无意识的瑜伽 _ 162

第六节　瑜伽的追求 _ 164

第七节　"自我空间"的发现 _ 166

第八节　瑜伽的能量 _ 168

后记 _ 169

跋 _ 172

第一章
一位圣者的入定

第一节　阿兰迪神庙

一、从古典瑜伽到哈达瑜伽

瑜伽是诞生于印度的一种"通过集中精神进行冥想的方法"。"瑜伽"这一术语是从梵语动词"yuj"（套夹板、打结）中派生出来的名词，有"控制""结合"等意思。控制心的作用，以此来试图体悟宇宙的本源和觉悟的智慧。

关于瑜伽的起源，至今仍不是很清楚，但在公元前800—700年的印度，通过控制心的作用来达到某种特殊的心理状态，确实是一种广为人知的修行方法。在佛教成立前后出现的几种《奥义书》中，已经有了关于瑜伽这种修行方法的记载。婆罗门教正统派最早出现的体系化的与瑜伽相关的著作就是《瑜伽经》（*Yoga sutra*，公元2至4世纪），它是古典瑜伽学派的根本经典。这里所论及的瑜伽是通过在各方面控制心的作用，最终实现止灭的瑜伽。这种类型的瑜伽原本就是正统瑜伽，并一直传承至今。

10世纪以后，与古典瑜伽不同类型的哈达瑜伽开始逐渐流行。今天所说的瑜伽与其说是古典瑜伽，不如说是哈达瑜伽。它的修行目标与其说是止灭心的作用，不如说是对心的作用的一种活化，是一种精神生理学式的修行方法。《哈达瑜伽之光》（*Haṭhayoga-pradīpikā*，十六七世纪）一书就是十分有名的哈达瑜伽解说书。

古典瑜伽主要基于确立了"神我"[1]和"自性"[2]二元理论的数论派（Sāṅkhya）哲学，而哈达瑜伽则是立足于主张一元论的吠

---

1 神我（puruṣa）：在契经中，又称为puṃs，另译为原人、士夫，为弥漫在宇宙中的自我。最早起源于吠陀时代，随后成为古印度哲学的概念。数论派也以此为核心概念；佛教也受到此思想影响，将此名词引用到佛教教义的探讨中，但佛教对这个概念始终持批判态度。数论派哲学现存最早的经典是自在黑所著的《数论颂》，其中论述了神我与自性结合而创造世间万有，在与身体分离及胜性停止活动后，神我获得确定而且最终独存。《数论颂》第二十一颂："神我（与自性结合）是为了注视（自性），自性（与神我结合）是为了（神我）独存。二者的结合就如同跛者与盲者（的结合）一样，（世界的）创造由此产生。"《数论颂》第六十四颂："通过修习（二十五）谛，产生非我（na asmi）、非我所（na me），因而无我（na aham）的知识。（这种知识）是无误的，因此是纯净的和绝对的。"龙树著作中曾引述《吠陀》等经的相关内容，真谛译的《数论颂》为《金七十论》，有传说称其释文为天亲所写。

2 自性（prakṛti，【巴利语】pakati）：译为自性、自然、原质，是古印度的哲学术语，最早起源于数论派的二元论哲学，被认为是独立于神我的另一实体，有万物本源的意思。佛教哲学也采用了这个术语，但含义为事物始终不变异的本质。数论派立二十五谛：原质（或称为非显）、觉（菩提）、我慢、意、五知根（眼、耳、鼻、舌、皮肤）、五作根（手、口、足、生殖器、排泄器官）、五根境（声、色、香、味、触）、五大（地、水、火、风、以太）、神我。以原质作为第一谛，称之为自性谛，又称本性、冥性、冥谛、冥态（tamas）、胜因（pradhāna）、胜性。原质（本性）为神我所受用，能生中间的二十三谛（觉、我慢、意、五知根、五作根、五根境、五大），为世间一切变化的根本原因，也是一切现象生成的原因。《薄伽梵歌》中，以原质为推动世界的第一因、最初因。在印度教中，吠檀多主义占主导地位，原质则被认为是宇宙存在与运作的智慧本质。在部派佛教的阿毗达摩论藏中，原质通常又与自性被认为是同义字，在一般语句中可以互换使用。

檀多哲学。[1]

瑜伽本身并没有形成一套完整的整合性的理论体系，但在印度，或者是受到其影响的世界各国，瑜伽作为一种宗教实践方法被各种宗教学派或宗派所吸收采纳。在印度，为了向人格神毗湿奴（巴克提[2]）献身，自公元一二世纪起盛行的毗湿奴[3]崇拜与瑜伽相结合，形成了"巴克提瑜伽"[4]。

---

1 吠檀多（Vedānta）：梵语名由 veda（婆罗门圣经《吠陀》，意为知识）和 anta（终极、前方）两个词组成，意为"吠陀的终极"，被视为正统婆罗门教的六个宗派之一，也是影响最大的教派，《吠陀》经典为此派的理论根据。

2 巴克提（Bhakti）：又译为信爱、奉献、虔信、信、虔敬、忠诚，音译为巴克蒂、巴克提、薄帝、薄克帝，在印度教中指对最高神祇三相神的虔诚信仰、尊敬供养的传统。印度文化圈内的伊斯兰教、基督教、上座部佛教、耆那教、锡克教也吸收了这个词语，如东南亚上座部佛教将佛弟子对佛陀、阿罗汉圣者的虔信称为"薄帝"（bhatti），包含了依恋、皈依、虔信、奉献、忠诚、崇敬等含义。

3 毗湿奴（Viṣṇu）：也译为毗湿笯、毗湿纽、维湿奴、维修奴，其他称号有诃利（Hari）、幻惑天王、那罗延等，佛教称为那罗延天、遍入天、遍净天、毗纽天，印度教三相神之一。梵天主管"创造"、湿婆主掌"毁灭"，而毗湿奴是"维护"之神，在印度教中被视为众生的保护之神。毗湿奴最早出现在《梨俱吠陀》中，其特点是三步就能够走遍世界，是太阳于上午、中午、下午的人格化。在早期文献中，毗湿奴的地位并不高，顶多是因陀罗的助手，后来地位逐渐上升，成为印度教主神之一，与梵天、湿婆齐名。毗湿奴的坐骑为迦楼罗，妻子是吉祥天女。印度教的毗湿奴派（Vaishnavism）专门供奉毗湿奴，在印度有1000多座庙宇。

4 巴克提瑜伽：意译为奉爱瑜伽、信爱瑜伽、信伽等，即强调以奉爱的修行方式接近梵与神祇。12世纪，穆斯林统治者入主印度后，印度教受到伊斯兰教的影响，产生了巴克提教派运动，也叫虔信运动、奉爱运动。最早兴起于印度南部，代表人物为罗摩奴阇。他强调奎师那（大黑天，毗湿奴的化身）的至高地位和对他的崇信，提出奉爱不被业报或分别智污染。13世纪后，奉爱运动遍布全印度，代表人物罗摩难陀、迦比罗和遮昙若大胜主。罗摩难陀强调任何信仰奎师那者都能获得解脱；迦比罗出身于穆斯林家庭，他的参与旨在消除印度教与伊斯兰教的对立；遮昙若甚至被视为奎师那的真身，他的理论吸取和统合了多方观点。奉爱运动的主导者和信奉者被称为"奉爱派"（巴克提派）。奉爱和奉爱运动的影响至今仍在，遮昙若在奉爱运动中提出的种种观点以使徒传系（Śrī-sampradāya）的方式传承至今，以国际奎师那知觉协会为主要传承者。

二、瑜伽行者——佛陀

佛教也把瑜伽当作最基本的宗教实践方法之一。所谓的"从古典瑜伽到哈达瑜伽",是围绕着婆罗门教正统派的瑜伽历史展开的。与这种展开一样,在佛教中也能够看到瑜伽在佛教历史长河中的变迁。在早期佛教和初期大乘佛教(公元二三世纪)盛行的年代,更加重视以止灭心的作用为中心的瑜伽,而七八世纪之后,佛教密教的盛行促使精神生理学式的瑜伽修炼方式开始得到重视,这与后世成立的哈达瑜伽几乎是同一种类。佛教密教中重要的曼陀罗体系就是体会觉悟"大小宇宙相合一"的瑜伽道具。这种"梵我一如"[1]的大小宇宙合一的思想,也正是吠檀多哲学以及基于吠檀多哲学成立的哈达瑜伽所追求的终极目标。

佛陀本来就是印度古老的瑜伽行者之一,他的觉悟也是通过一种特殊的瑜伽实践方式来实现的。这种被佛教所吸收的实践方式后来传播到了中国和日本——禅。尽管印度的瑜伽实践传统在印度大陆从未断绝,一直延续至今,影响广泛,但现在所流行的"瑜伽"与禅不同,它是通过佛教之外的传播方式,

---

[1] "梵我一如":"梵"是宇宙的本源、生命的根本、所有事物存在的原因,又是超越经验、无法用语言概念来表达的一种存在,是宇宙人生的本体,一切形态都离不开"梵"。同时,"我"既是肉体的生命个体,又是统一宇宙的根本原理,并且也是无形无相的、不能形容的一种存在,这种存在是有情生命的根本。"梵"是"我"归属的去处,因为一切事物从"梵"而生,灭归于"梵",是"梵"创造了世界的一切(包括人,"我"也是),而人(或者说"我")这个小宇宙与"梵"所创造的大宇宙是共通的,"我"与宇宙在表面上虽然千差万别,但在其内在的本质上是一致的。

另辟蹊径从印度传出的新瑜伽。这种新的瑜伽作为一种宗教实践方式，抑或是一种身体训练方式，在今天的欧美已然占据了确实的稳固地位。

在瑜伽的诞生地印度，至今拥有众多的瑜伽行者。有些行者会舍弃家人，丢弃房舍，即便是被问话时也不回答。他们在体现瑜伽三千年传统的同时，也否定了世俗性生活的经营，他们是一群渴求彼岸世界的人。当能够实地见到修行瑜伽的人时，我们甚至可以深切地感受到过去各个时代的瑜伽行者的姿态，这些姿态都会在他们身上不断浮现出来。

三、捕捉自我的行者

自1975年第一次前往印度旅行以来，一位印度瑜伽行者便始终萦绕在我的心底，令我不能释怀，他的名字叫嘉纳释瓦。他21岁入定，在密封的石室内自我断食，进入永恒的瑜伽状态，这是13世纪末的事情。

他入定的地点在距离现在的孟买市以东200公里左右，一个名为阿兰迪（Alandi）[1]的小镇，距离我在印度的主要停留地浦那市（Poona）[2]很近。虽有些偏题，但我想在这里一边介绍我访

---

1 阿兰迪：位于印度马哈拉施特拉邦浦那市的一个城镇，总人口17561人（2001年）。

2 浦那市（【印地语】ऩुणे）：位于德干高原西部，海拔560米，坐落在首善之城孟买市东南方约100公里处，位于穆拉河与穆塔河的汇流处，作为印度第九大城市，是马哈拉施特拉邦的文化首都，也是西高止山脉上的第一大城，市区人口约120万人。

问阿兰迪的亲身体验，一边从他的现存的少数著作中了解他的生平，试着走进瑜伽的世界。

开车从孟买向东行驶三个小时左右，一直平坦的道路突然变成一个斜上坡，车子开始沿着这个斜坡上行，这就是德干高原的西端。一口气行进到海拔 800 米左右的高度后，道路开始变得平坦。但是，周围的景色却与孟买郊外海岸附近的湿润地带完全不同，四处山岩陡峭，田间也有巨石，山岩上分布着很多石窟，这里俨然就是岩石的世界，德干高原也无疑是一个巨大的岩盘。最后，车子驶入浦那市，这座城市有很多大学和研究所，历来是以保存婆罗门教文化传统而著名的历史文化名城。

从浦那市向北，在长满野草和灌木的高原上行驶一个小时以后，就可以到达拥有数万人口的阿兰迪镇。嘉纳释瓦所在的神庙（阿兰迪神庙）就建在印德拉亚尼河（Indrayani）河岸，沿河岸筑有坚固的城壁。

四、至今仍在定中

在阿兰迪神庙的主殿内，有一座象征着嘉纳释瓦入定的石台。石台由数枚厚约几厘米的石板堆砌而成，越往上，石板越小，被称为三摩地（三昧）。在石台的下面（与实际入定地点稍有偏离），一位青年"至今仍然在定中持续冥想"。想到这里，我突然感觉到从脚底传来的一阵阵令人毛骨悚然的寒意。

据说这位"马哈拉施特拉邦地区的圣者",在1296年亲自埋葬了自己仍然年轻的肉身,在此持续进行瑜伽行法,最终入灭。是什么样的信念使他产生了这样的行为呢?我们先从他的传记中了解一下当时以婆罗门祭司阶层为中心的印度社会背景——当时的婆罗门教在社会生活中有着绝对的支配力。

第二节　嘉纳释瓦生平

一、两项罪状

嘉纳释瓦的父亲维达拉旁达（Vitthalapant）出身于阿兰迪小镇的婆罗门教徒家庭，因为家庭的缘故与婆罗门姑娘拉库迈（Rakhumai）结婚。婚后，维达拉旁达依然无法割舍婚前曾想去瓦拉纳西（Varanasi）做一名修行僧的梦想。一天，他抛下年轻的妻子就这样出家了。维达拉旁达在瓦拉纳西的师父面前伪装成单身进行修行，但这样的伎俩不到两年就被师父识破了。

尽管回到故乡阿兰迪后维达拉旁达与妻子拉库迈生下三男一女，但是婆罗门社会对维达拉旁达的这一行为仍然持极为严苛的态度。也就是说，维达拉旁达抛弃一家之长的义务毅然出家苦修，而后又以出家人的身份生了"不义之子"，他犯下了这两项罪状[1]。事已至此,维达拉旁达已然无法挽回,但他依然按照婆罗门教的传统,坚持在家中向孩子们传授梵语、吠陀等婆罗门教学问和瑜伽实践等。

维达拉旁达是狂热的毗湿奴信徒,他的名字本就来源于毗湿奴神在当地的土著赋权维塔尔神(Viṭṭhal或Viṭhobā)[2]。拉库迈也就是维塔尔神妃子的名字。当然,嘉纳释瓦本人也是完全的毗湿奴信徒。

维达拉旁达的孩子们到了接受圣线[3]的年纪。所谓"圣线",是指用棉线制成的细细的绳环,从左肩斜跨到右腹。孩子们接受了圣线就意味着他们成为婆罗门社会的一员,这跟日本的元服仪式非常相似。但是,婆罗门长老们告诉想要孩子们接受圣线的维达拉旁达:"你们所犯下的罪孽没有任何手段可以洗涤。"维达拉旁达听到这样的话后,把圣典《薄伽梵歌》(*Śrīmad bhagavad gītā*)放在熟睡的嘉纳释瓦枕边,便与妻子一起来到恒河和亚穆纳河(Yamuna River)的交汇处,投河自尽了。

---

1 两项罪状:按照印度婆罗门教的传统,婆罗门的一生可以分为四期,分别是梵行期——8岁就师,其后12年学习吠陀经典和祭司仪式;家住期——返家结婚生子,祭祖灵,经营家庭和俗务;林栖期——年老后将家产让子,栖居树林修习苦行,专心思维,进入宗教生活;遁世期——断绝世俗的一切执着,披粗衣,持水瓶,到各地游走参学。

2 维塔尔神:主要存在于马哈拉施特拉邦和卡纳塔克邦的印度教地方神,代表毗湿奴的第二个神性和第九个化身。

3 圣线:印度的种姓社会等级森严,圣线是印度种姓社会中的最高级别婆罗门的入门标志,用三根棉绳制成。

二、嘉纳释瓦的逆袭

失去了双亲的孩子们在村子里靠乞讨为生。传说,作为二儿子的嘉纳释瓦为了填饱妹妹穆库塔帕(Mukuṭapai,意为被解放的人)的肚子,用后背来烤制蛋糕。这个传说告诉我们,嘉纳释瓦修炼的可能是精神生理学式的瑜伽(哈达瑜伽)。修炼这种瑜伽的瑜伽行者可以掌握各种各样的超自然能力,特别是可以使自己的身体发出异乎常人的高温热量。

孩子们虽然忍受着婆罗门社会的排斥,但是他们仍然期盼着婆罗门社会会怒气消减,有一天能够重新回到婆罗门社会。但婆罗门长老会议的最终决定对孩子们来说却是极为残酷的,他们最终没能够参加圣线加身的仪式。

孩子们听到婆罗门长老会议的决定后,绝望地返回村子,遭到了村民们的嘲笑。这时,嘉纳释瓦开始反击。他让牛唱起了吠陀圣典,让砖瓦墙不停地晃动,使死者起死回生,以此让村里的人产生恐惧。渐渐地,嘉纳释瓦开始被视为"圣者"。

最后,嘉纳释瓦完成了《薄伽梵歌》一书的注疏《嘉纳释瓦释》(Jñāneśvarī)。虽然有人说这本古代马拉提语[1]的作品并非嘉纳释瓦之作,但不可否认该作品作为马拉提语的最高杰作,至今意义非凡。

---

1 马拉提语:属印欧语系、印度-伊朗语族印度语支,使用人口近4000万,是印度西部马哈拉施特拉邦及相邻的邦外几个地区的官方语言,印度宪法承认的语言之一,以马哈拉施特拉邦首府浦那市的语言为标准语。古马拉提语形成于12世纪。

三、21 岁入定

嘉纳释瓦 21 岁时，在兄长尼维利提（意为寂灭）的引导之下，进入地下室开始入定。从那天起，嘉纳释瓦便开始绝食入定。即便是在今天的印度，一些年轻的修行者仍然坚信在阿兰迪的地下室内可以通过瑜伽行法实践进入定中进行冥想。对他们而言，这种圣者的行为不能认为是"自杀"。

21 岁本应该是人类最朝气蓬勃的年纪，正值此年纪的嘉纳释瓦开始入定，并非为了成为"肉身佛"。此时正是雨季，高温潮湿，在这样的环境之下根本不可能形成中国或日本那样的木乃伊，所以嘉纳释瓦不可能成为"肉身佛"。他原本绝不是想自杀，至少是想以某种特殊的形态试图继续活下去。尽管如此，这种入定行为最直接的结果却是极为残酷和极端的。他必须与同甘共苦的兄弟、妹妹别离，亲手舍弃自己作为一个生命个体今后所有的存活时间。

年轻的修行者们按照瑜伽的实践行法打坐，沉默不语，一动不动。他们到底在思考些什么呢？

在古代文献中这样定义瑜伽——"所谓瑜伽，就是对内心作用的控制"。我想嘉纳释瓦也一定是用调整呼吸来集中精神的吧，并且也是通过控制"内心的作用"来使自己在打坐时心无旁骛吧！如此这般，那么他所渴求的又是什么呢？他不可能是为了痛苦的"饿死"自己来追求身体和生理上的痛苦吧！他这种亲手葬送自己仍然还年轻健康的身体的行为本身就是英雄主义的，充满了刺激。如果他真是因为这样的想法才去入定，那么他只不过是一个病态的受虐狂而已！显而易见，嘉纳释瓦作为虔诚的毗湿奴信徒，绝不是这样的苦行主义者。

四、超越死亡的力量

嘉纳释瓦也许会认为，那些逼死自己双亲并继续蔑视自己兄弟的人们，现在却把自己奉为"圣者"，为了彻底震慑这些人和他们的子孙，使他们产生恐惧，这种入定是最为有效的方法。即使他自己从未这样想过，但是他周围的人或许有这样的想法。另外，其他村民对于这件事的传言也让他不得不入定。

自愿"赴死"入定的不仅仅是嘉纳释瓦，他的兄长尼维利提和弟弟松帕那（意为升天的阶梯）也在附近入定。据传他的妹妹穆库塔帕也"在树上死于非命"。这样，兄妹四人皆以入定或横死的方式结束了生命。在某种程度上，正是逼死他们双亲的这股力量又继续逼死了他们。虽然这股力量的动机与所造成的后果恰恰是相反的。

这些对于一般人而言过于残酷的死亡形式，使得这些年轻人达到了普通村民无法企及的高度。即使他们"赴死"与其他村民的驱使存在一定的关系，但真正促使他们决意"赴死"的，还是因为他们是虔诚的瑜伽行者。因为通过瑜伽修炼所获得的超强力量，已经超越了婆罗门教的束缚，即便是婆罗门采用祭祀仪式也无法抑制。

被婆罗门社会拒之门外的嘉纳释瓦是一名瑜伽行者，这本身就说明了瑜伽的本质。以婆罗门为中心的文化和瑜伽传统原本就是两种异质存在。对婆罗门而言，以吠陀经典为基础的仪礼是最为重要的，而瑜伽却认为婆罗门的吠陀祭祀仪式完全没有必要。所以，后世瑜伽被引入印度教，并成为其重要的一部分之后，也与吠陀仪礼完全不同。13世纪的瑜伽行者嘉纳释瓦开启了瑜伽与婆罗门教正统派之间的差别之门，至今被称为圣者。

第三节　维塔尔神信仰

一、维塔尔神及其妃子拉库迈

从现存的嘉纳释瓦的著作来判断，我们很难认为他对村里的婆罗门心存多大的怨恨。因此，如果把他的入定理解为是他对其他村民的一种"反击的完成"，似乎是错误的。从他的著作中我们可以看出，嘉纳释瓦一直处于常人难以承受的精神兴奋之中，他是为了保持这种兴奋和紧张才选择了入定这种方法。

解释嘉纳释瓦入定之谜的关键，似乎在于他对维塔尔神，也就是毗湿奴神的虔诚崇拜。在嘉纳释瓦生活的年代，距离阿兰迪小镇约300公里的圣地潘达尔普尔镇[1]的维塔尔神信仰十分

---

[1] 潘达尔普尔（Pandharpur）：印度马哈拉施特拉邦 Aurangabad 县的一个城镇。

盛行，以当地的维塔尔神庙[1]为中心。时至今日，维塔尔神信仰在马哈拉施特拉邦州的全域都很常见。

嘉纳释瓦对维塔尔神及其妃子拉库迈的虔诚崇拜，也许寄托了他对与二神同名的双亲的无限哀思。初入三摩地时，嘉纳释瓦的内心一定是集中意念于维塔尔神，但根据古典瑜伽的要求，对于内心的控制是时时刻刻、无边无际的，在瑜伽的终极阶段，内心不允许存在任何意象。内心哪怕有一丁点儿的意象也说明心还在起作用。但是，到了后世，也出现了以神的形象作为观想对象而集中意念的新型瑜伽。

嘉纳释瓦作为一名狂热的毗湿奴信徒，当他入定以后，在其内心深处一定会浮现出维塔尔神和其妃子拉库迈的身影吧。

在毗湿奴信仰中主张对神的献身（巴克提）。所谓献身，是指皈依具有人格的毗湿奴神，向眼前之神祈祷，并最终把所有的一切都交付于神的行为。嘉纳释瓦正是向眼前的维塔尔神祈祷，并且将自己的身心完全交付于神。这种与神的沟通也是瑜伽的一种，意味着要集中意念向神奉献自己的身心。这种瑜伽形式被称为巴克提瑜伽。

二、密教式的行法

在眼前浮想出神之意象的实践方法，并非仅限于巴克提瑜

---

[1] 维塔尔神庙：是印度马哈拉施特拉邦潘达尔普尔的一座印度教神庙。它是毗湿奴的本地化身维塔尔及其妃子拉库迈的主要朝拜中心。

伽。被称为"成就法"（灵性修行）的密教式实践，也是通过瑜伽的方式使得神现于眼前，也就是观想神的意象（这种意象就是神本身）的修行方法。

虽然嘉纳释瓦的行法是否可行还无法确定，但是在他的那个时代，这种实践方法却是广为人知的。通过眼前浮想出神的形象来集中精神意念（或者是通过集中精神意念使神在眼前浮现），在这一点上，巴克提瑜伽与成就法瑜伽是存在共通之处的。

嘉纳释瓦的瑜伽虽然以古典瑜伽为根基，但也继承了与此不同的传统。这一点不只仅限于嘉纳释瓦，这也是印度瑜伽的命运。也就是说，瑜伽在印度宗教史上并不是一成不变地提供"哲学"和"实践方法"，它也随着学派和时代的变迁不断改变自己。

嘉纳释瓦的入定，是当时的瑜伽给人们留下的一个令人印象极为深刻的个例。这一点我们应该铭记在心，但他对神的理解，以及向神过于激烈的献身，对我们来说是不可取的。

三、"凡"与"圣"

诚然，嘉纳释瓦和他的兄弟们是个特例，一般人也不会去效仿，当然也没有这个必要。但是，他们的这一举动却在我们的心头留下了深刻印象。

"不动""止语""控制心的作用"，这就是瑜伽行者的姿态。

但只要身体（肉体）存在活动，那么对于"世俗的东西"的否定就是不彻底的。想要实现对"世俗的东西"的真正否定，就只有舍弃身体。嘉纳释瓦实施了这一行为。

印度哲学的传统告诉我们，人类的行为完全止灭时，就会有某种东西出现。那么，嘉纳释瓦在入定后到底看到了什么呢？他也许看到的正是毗湿奴神（维塔尔神）站在他的眼前，而这个人为的世界也只是一场神的游戏。

这些年轻的瑜伽行者，也许从入定之前就一直凝望着某种东西。并且，对他们来说，所谓入定正是为了可以永远地看到这些东西。他们的这种行为是试图去超越时间。

若当真如此，那么嘉纳释瓦是通过这种过激的行为告知我们何为"神圣的东西"！

第二章 瑜伽哲学的本质

第一节 作为行为的瑜伽

一、追求"无行为"的行为

瑜伽行者保持固定坐姿,不言不语,其内心状态与我们日常的心理状态是完全不同的。通过冥想进入三摩地状态的瑜伽行者,其实与死者无异。今天,印度圣者们的坟墓或者纪念碑被称作三摩地,就是以三摩地来寓意死亡。为了纪念嘉纳释瓦的入定而在神庙大殿内安置的三层石台,也被称为三摩地。

瑜伽虽然是在制造一种接近死亡的状态,但却是只能由生者来完成的行为,况且并不是一种快乐的行为。嘉纳释瓦及其年轻的兄弟们通过瑜伽所实践的这种入定,是常人不可为之的过激行为。也就是说,瑜伽虽说是一种行为,却是以"止灭行为"本身为目的的,瑜伽具备了这种"为了无行为而行为"的矛盾特点。正因为这种矛盾性，瑜伽才能成为印度宗教中最为普遍的实践秘诀。"无行为"，这种否定"世俗"的"行为"，其实本身也是一种"世俗的行为"。从这一点上讲，瑜伽的具体表现除了它自身的宗教根本构造之外，同时也是具有了"为了无行为而行为"这种特点的一种宗教行为。那么，要弄清楚瑜伽有着怎样的理论支撑以及所谓的"瑜伽哲学"是何物，首先应该了解瑜伽实践的构造。

二、手段的目的化

人只要活着就必然有诸多行为。或是什么都不做一味地休息，或是在睡觉，总之是在做一些事情。可以说，行为是人活着的证据和存在方式。人类的行为包括目的、现状认识（世界观）、手段这三个要素。

行为是有目的的，但也并不是没有无目的的行为。例如，"孩子们无心地玩耍"，这种情况下的孩子们并没有意识到某种特定的目的。就玩耍而言，目的的意识很浅薄，并不受到目的性的束缚，快乐而为之本身就是玩耍的要旨。但即使是这种无目的性的玩耍，就玩耍本身而言，玩耍获得的乐趣也是一种目的。或者可以认为，这种情况下，目的和手段之间的距离在很大程度上被缩小了。也就是说，发生了手段的目的化。在瑜伽方面，正如之后所考察的那样，其实这种手段的目的化经常出现。

在日常行为中，很多情况下人们都意识不到行为的目的性。

当我们进行习惯性的行为时，也一样意识不到它的目的性。但是，这种被人习惯化了的行为，本身就是基于对以前的这种行为的目的化认可。所以，可以明确地指出人类的行为包括这三个要素。

三、目的与现状之间的距离

一般而言，人类实施行为时，是可以意识到他的目的性的。当这种目的被意识到时，我们才可以朦胧地知道自己现在在哪里、自己周围的现状如何，才能进一步更清楚地认知现状。但在时间上，我们常常都是在认识了现状之后才确定其目的的。总之，我们在实施行为之前，会计算一下作为终点的目的和作为起点的现状之间的距离。只有知道了自己现在身处何方，才能知道自己之后要去哪里。只有知道了自己现在有什么，才能考虑自己未来要得到什么。如此看来，要通过某种行为达到目的，就需要作为其前提的"现状认识"（世界观）。

在确定目的、认清现状之后，接下来就是选择手段。目的只是实现的可能，即使现状认识是正确的，如果手段选择错误，目的有可能也不能实现。因此，手段选择和现状认识一样，或者说较之更为重要。即便状况相同，目的一致，由于手段不同，其行为样态也会十分迥异。例如，如果想要在印度国内旅行，那么其手段是各种各样的，可以只乘坐飞机，也可以只乘坐列车，还可以两者兼用，徒步旅行也未尝不可。当然，由于选择的方式不同，"印度旅行"的形态也会各有差异。同时，旅行的体验，或者说行动的意图也会不一样。如果"印度旅行"的目的仅限于商务，那么无论是坐飞机还是乘列车，都没有多大的差别。但是，如果旅行是为了观光，那么，交通手段就能在很大程度上左右旅行的体验。观光旅行是一种游玩，就游玩而言，目的和手段被置于极为相近的关系之中，手段的差异与目的有着密切的关联。

如上所述，人类存在的本质就是行为。其实，宗教的本质也是行为。如果人类的行为消失，那么教义和神圣的意象也会变得苍白无力。所以，关于瑜伽这种宗教行为，我们也需要考察其目的、现状认识（世界观）、手段这三个要素。

第二节　瑜伽的目的

一、比生命更可贵的东西

没有家庭，没有财产，时常无家可归、露宿街头的瑜伽行者舍弃了"世界"。他们为什么要这样呢？岂止是家庭和财产，嘉纳释瓦连自己的身体（至少是生物学上自己的生命）也舍弃了，他的目的到底是什么呢？他与身边所有的人告别，埋葬了自己的身体，完全是一种无欲无求的表现。难道是因为他已经得到了一般人所渴求的声望，所以可以舍弃这些吗？反之，这件事情的真相难道不是嘉纳释瓦才是那个欲望无边的人吗？他渴求得到的是比生命更加宝贵的东西！

二、法、实利、欲望[1]

在印度，人们深信当"现世"来临，即人类行为止灭时，任何美好的事物都会出现。这也许就是被称为梵[2]的宇宙根本真理的具体显现，又或许就是毗湿奴神的显现。如何看待这个所谓的美好事物，它们被叫作什么，说法不一。如果所有种类的瑜伽（还有印度大部分的哲学和思想）都是为了静止人类的行为的话，那么瑜伽崇尚的就是乐天主义——把自己所祈求的美好全部寓于行动的目的地（彼岸）。就连标榜"万般皆苦"的佛教，也绝非是带有悲观主义色彩。不要忘记：各种各样的瑜伽实践，正是孕育于印度传统思想的乐天主义传统之中。

正因为这一点，抗拒"世俗性的繁华"（abhyudaya，安乐、享乐的相对幸福）的嘉纳释瓦和其他瑜伽行者的行为原本就是植根于这一乐天主义精神的。正因为期待得到"精神性的至福"（niḥśreyasa，解脱的绝对幸福），他们才试图舍弃世俗性的繁华。

尽管如此，在印度人的世界观里，世俗性的繁华也绝不是就一定会遭到人们的轻视。自古以来，这里和其他地区一样，法、实利、欲望这三点作为人生的目的，受到人们的重视。

与其他国家的宗教状况相同，印度宗教通常以追求世俗性的繁华作为宗教目的。以吠陀为基础的祭祀仪式，相较于个

---

[1] 法（dharma）：法则、道德伦理。实利（artha）：实利、财产等。欲望（kāma）：欲望、享乐、性欲。

[2] 梵（brāhman）：印度宗教概念，源自祭祀仪式所得的神秘力量，指宇宙的终极实在。

人精神的解脱而言，其目的更多的是祈祷子孙后代的兴旺和对祖先的供养。印度教的崇拜，正如崇拜司掌天花的西塔拉女神（sītala）一样，很多是以治病等现世利益为目的的。

以现世利益为目的时，宗教的行为实践就会以仪礼的形式出现。追求现世利益的仪礼行为与瑜伽的目的有着非常明显的差别。当然，瑜伽，特别是后世发展变质以后的瑜伽，也曾为了追求现世利益而存在。关于这一点，本书会在之后的论述中加以考察。

三、第四个目的——解脱

除了法、实利、欲望这三个目的以外，后世还把解脱[1]作为瑜伽的第四个目的。"解脱"一词是从意为"解放"的梵语动词词根"muc"中创作出来的，意为"脱离世间生死及其所带来的各种苦"。这第四个目的正是人们在远离世俗以后，孜孜以求的个人的精神性至福。

释迦牟尼被称为"拥有最后一次转世的人"。也就是说，他舍弃王子之位，开始在鹿野苑初转法轮的一生是其"持续转生"中的"最后一次"。释迦牟尼在拘尸那揭罗[2]入灭后，就不再继续

---

[1] 解脱（mokṣa）：在印度宗教中，意为"解放"，是印度宗教的重要神学与哲学概念。印度教、耆那教与佛教皆继承了这个概念，但在理论上又有不同的见解。印度教吠檀多派认为达到"梵我境界"即是解脱；佛教则认为必须依照四圣谛、十二因缘、三无漏学来修行，达到阿罗汉圣果或正等正觉佛陀的两种涅槃方可解脱。各宗教为了达到解脱境界的修行方法有许多种，如印度教讲的禅定、瑜伽、持诵咒语等，佛教讲的持诵陀罗尼咒、念佛、禅定等。

[2] 拘尸那揭罗（Kuśinagara）：又称拘尸那竭城，意思是茅城，位于现今印度卡西亚村，是古印度十六大国之一末罗国的都城。因释迦牟尼在此涅槃，也被称为佛教的四大圣地之一。

转生。由于释迦牟尼的涅槃而使得不断的"生命延续"终止，他已经超越了生死。

以解脱为终极目的的不仅仅有佛教。印度教的哲学学派以及耆那教的几乎所有教派都是以解脱为终极目的的。就连试图确立吠陀仪轨解释体系的弥曼差学派[1]，在后世也把"个人的解脱"（个人的精神性至福）作为其目的之一。

一方面，追求现世利益的宗教实践一直在进行着，这是印度宗教一贯的基调。而继《奥义书》哲人之后，释迦牟尼乃至耆那教祖师耆那出世之后，个人的解脱（精神性至福）成为印度宗教史上重要的一部分。另外，后世印度教知识渊博的精英们非常重视个人的解脱（精神性至福）。瑜伽是印度宗教传统追求解脱（精神性至福）所采用的最为普遍的手段，瑜伽的目的就是获得解脱（精神性至福）。

四、婆罗门人生的"四住期"

在印度社会，特别是婆罗门社会，瑜伽一直占据了不可撼动的地位。在这个社会，瑜伽被纳入被称为婆罗门人生四住期的"人生架构"之中。也就是说，印度社会中的瑜伽是社会生活建制的一部分。

据婆罗门所言，上层社会，特别是婆罗门社会的人们，将

---

[1] 弥曼差学派（mīmāṃsā-darśana）：古代印度正统哲学思想六派之一。

自己的人生划分为四个时期。这四个时期分别是：一、学生期（梵行期）；二、家住期；三、林栖期；四、遁世期。第一个时期，作为弟子在师父家中学习吠陀经典。第二个时期结婚，作为家长养育子孙。第三个时期，从家长的地位和义务中解放出来，前往深山丛林，即开始所谓的隐居生活。最后一个时期，在深山丛林中已无法继续生活，可以重新回到家中生活，或者离开深山丛林四处游走。

这样的人生时期划分，到底有多大的强制力，我们不得而知。但是，这当中确实存在一个强有力的社会约束。四住期之中，前两期主要是追求世俗享乐（世俗性的繁华），后两期的重点则是追求人生的解脱（精神性至福）。从生理性或者社会性、经济性等视点来看，这一社会生活结构似乎决定了印度人的一生。我们可以从这里看到印度或者其他民族同样具有的两种"对待人生的态度"。

在印度，积极追求和认可这种世俗享乐（世俗性的繁华），被称为"促进之道"；主张从世俗享乐（世俗性的繁华）中退出，或者舍弃世俗享乐（世俗性的繁华），去追求人生的解脱（精神性至福），则被称为"寂灭之道"。也就是说，前者"肯定现世"，后者"否定现世"。很明显，四住期的前两期秉承了前者的"肯定现世"之道，而后两期则主张后者的"否定现世"之道。

尽管婆罗门阶层会在林栖期进行苦行或者瑜伽实践，但实际上印度瑜伽传统的主要部分是由那些不婚且无任何财产的瑜伽行者所保持的，并非是那些年老隐退的婆罗门阶层。嘉纳释瓦及其兄弟就是其中一个极端的案例。在印度其他历史时代，也一样存在很多一味追求个人人生解脱（精神性至福），一生埋头于瑜伽的行者。尽管如此，婆罗门四住期的这一婆罗门人生架构正是瑜伽在印度被普遍接受的明显佐证，世俗婆罗门的瑜伽也是印度瑜伽传统的一部分。他们的瑜伽实践告诉我们，瑜伽不仅仅是属于社会精英或者特例者们，只有更多的人（包括婆罗门以外的人）去实践瑜伽，才会使瑜伽成为一种普遍的实践。无论是谁进行瑜伽实践，其目的都是追求人生的解脱（精神性至福）。

第三节 瑜伽的世界观

一、古典瑜伽学派和数论派哲学（Sāṅkhya-darśana）

被认为非婆罗门起源的瑜伽，在印度主义时期被编入婆罗门正统派之中。在婆罗门正统派中，古典瑜伽学派首先完成了系统化的瑜伽哲学。这一学派的第一目标就是解脱（精神性至福），而那些为人所关注的各式各样的超能力神通只是瑜伽的附属产物，并非瑜伽的目的。

古典瑜伽学派为之奋斗的人生解脱（精神性至福）与佛教之解脱有着不同的内涵。古典瑜伽学派把作为纯粹精神的神我还原至本来的状态（自性），他们正是以此为目的而实践瑜伽的。神我是数论派哲学的一个重要术语。数论派哲学与瑜伽一样，不同于吠陀传统，在受到《奥义书》和一些其他哲学的影响之后而获得了发展，并被认可为婆罗门正统派的思想。另外，在印度神话中也有很多关于数论派哲学的相关内容。古典瑜伽学派在思想背景上，借鉴了数论派哲学，其哲学不仅仅背负了数论派哲学的终极目的，也承载了其基础的世界观。

二、数论派哲学的神我

数论派哲学是通过被称为"神我"的纯粹精神和作为世界展开的本源"自性"（原质）[1]这两个原理来说明世界的创造和人生的解脱的。在数论派哲学中，这两个原理虽然以特殊的关系关联在一起，但在本质上却是完全不同的存在。

神我也被称为"观照者"，它仅仅是关注自性（原质）的活动，并不能发挥主观能动性的作用。神我并不是所谓宇宙中唯一的存在，不是统括世界的"世界精神"。也就是说，神我是个个体的原理，每一个人都存在一个独立的神我。总之，这个世界上有多少个人，就有多少个神我。

梵文 puruṣa（神我）一词本来有"男人、人"的意思。在数论派哲学，特别是以此为基础的瑜伽哲学中，使用这一术语基本上就是用来说明个人的解脱，但在这种情况下所指的个人并不是世界上特定的某个人，而是可以成为任何一个个体的、不特定的个人。

---

[1] 立川武藏教授在行文中以"原质"一词来翻译梵语 prakṛti，但是汉语文献中一般翻译成本性或自性，有些地方用自性、本性更为合适，但有的地方也不是恰到好处。

神我不是创造世界的神，也不是规定宇宙规律的理法，而是超越我们的感觉器官以及感觉器官的对象、身体等一切现象的一种存在。可以说，神我的存在是消极的，而非积极的。

三、推动世界形成的本源自性（原质）

在数论派哲学中，世界的形成是由另一个原理——自性（原质）来完成的。数论派哲学指出，被称为自性（原质）的根本物质通过自身变形、变质，形成这个现象世界。自性（原质）中原本就编入了世界构成的程序，这一程序根据不同的状况而运行，在自性（原质）中存在着形成世界素材的质料因和世界形成的动力因两个方面[1]。

如果把自性（原质）置换成物质，那么就会存在问题。这是因为我们的感觉、意欲以及认识等所有自性都在发挥着作用，认为我是神我。这虽然是自性（原质）的自负，但无疑也是自性（原质）的作用，神我并没有参与其中。

自性（原质）由被称为功德的三要素即"三德"（Guṇa）构成。"三德"的哲学性含义是"属性、性质"，常与作为存在这

---

[1] 四因说：由古希腊哲学家亚里士多德提出。亚里士多德将引起世界上所有事物变化与运动的原因（【古希腊语】αἴτιον）归纳为四类。四因包括质料因（Matter-material cause），即构成事物的材料、元素或基质，例如砖瓦就是房子的质料因；形式因（Form-formal cause），即决定事物"是什么"的本质属性，或者说决定一物"是如此"的样式，例如建筑师心中的房子式样，就是房子的形式因；动力因（Agent-moving cause 或 Efficient cause），即事物的构成动力，例如，建筑师就是建成房子的动力因；目的因（End 或 Purpose-final cause），即事物所追求的目的，例如"为了安置人和财产"就是房子的目的因。亚里士多德认为，凡感性实体，包括自然物和人造物，都具备这四种因。

个属性的基体的实体形成相对应的概念。例如,"花是红色的",在印度被表述为以"物质的本源"这一要素所构成的花,又"衬上"了红色这一色彩。这里的红色(并非红色的事物,而是色素红)是"三德"(属性),花是"物质的本源"这一实体(dravya,物质)。

实体和属性之间的关系是印度哲学的根本问题。一部分人主张两者之间有着明显的区别,另一部分人则认为两者之间不存在明显的区别。正理派[1]和胜论派[2]属于前者,吠檀多学派和佛教属于后者。在这一问题上,数论派以及古典瑜伽学派也属于后者。也就是说,数论派和古典瑜伽学派在很大程度上倾向于不认为属性与其基体之间存在着本质性的区别。因此,在数论派哲学中,"三德"意指自性(原质)的属性、样态的同时,还指作为属性样态基体的自性(原质)。

所谓构成自性(原质)三要素的"三德"主要是指:纯质(sattva)——知性、光辉的要素(前进和发展的原动力),激质

---

[1] 正理派(Nyāya):音译"尼夜耶派",是古印度六派哲学中的一派,与胜论派在哲学体系上基本相同,但更加注重对逻辑和认识论的探讨。创始人为婆罗门阿克沙巴德·乔达摩(即目足·瞿昙,Akṣapāda Gautama,公元1世纪),经典主要是乔达摩所著的《正理经》(Nyāya-sūtra),《如意宝真相》(Tattva-cintāmaṇi)作者甘给舍(Gaṅgeśa)为此经做了注释(12世纪)。

[2] 胜论派(Vaiśeṣika):是古印度六派哲学之一,其创始人为羯那陀(Kanada),理论载于《胜论经》(Vaiśeṣika-sūtra)中,该经写定于公元前2世纪。该学派认为有一个最高实体,是它控制着物质微粒——极微及其形成万物的组合,将一切与概念对应之存在视为实有,并分为六个范畴(padārtha)——存在、质量、行为、普遍性、特殊性、固有,以此来说明世界各种现象的存在。其神学观点主张人要依靠神而得救,要将万物的存在作为天意的显示而去进行观察,因此他们承继正统婆罗门思想,重视祭祀,主张生天(abhyudaya)说。在逻辑方面,胜论派跟正理派紧密相连,正理的三段论被他们用于正确的推理过程中。

（rajas）——经验、动力的要素（中立的原动力，它根据自己的利益而动），暗质（tamas）——惯性、暗黑的要素（保持原状态或回归的原动力）。

自性（原质）是宇宙发展的根本素材。在向现象世界发展（转变）之前，自性（原质）被称为"未显露"，是还未出现具体形态的原初的质量。在"未显露"的状态之中，"三德"处于完全均衡的状态。

四、现象世界的出现

"未显露"的自性（原质）最终为某种救赎论（Soteriology）的目的（关于这一目的，稍后详述），从原本的均衡状态中脱离出来，变成称为"大"（mahat）的力量的集聚。这个"大"还被称为"觉"[1]。自性（原质）进一步从"大"或者说"觉"的状态中转变成"我执"（Ahaṃkāra，我慢），并完成了自身的转换。这里提及的"我执"并非指个人的自我感觉或自我意识，而是指集合性的自我"统觉"[2]作用的原初形态。也就是说，这里的"我执"虽然是心理原理，但缺少自我明确意识到的个人经验，它是整个世界的原则。

---

1 觉（Buddhi）：在梵语中是一个阴性名词，阳性形态为 Buddha（意为觉醒、了解、知识，佛陀与佛性皆源自此字根）。在印度教与瑜伽哲学中，觉与梵（Brahman，意为真实或实相）同在，比理性或意识更为高层，它相当于柏拉图主义所说的智性。在印度神话中，象头神的妻子也叫 Buddhi。

2 统觉（Apperception）：是德国哲学家莱布尼茨和康德哲学中关于认识论的重要概念，指知觉内容和倾向，蕴含着人们已有的经验、知识、兴趣、态度，因而不再限于对事物个别属性的感知。

这种还不发达的自我统觉在集聚后继续向两个不同的方向转变，即一方面向主观的现象世界转变，另一方面向客观的现象世界转变。这种从自我统觉中所引发的现象世界的原因是"三德"之间势力的失衡。当"三德"的其中一个势力强于其他二者时，这种自我统觉的聚集就会迅速对应于拥有较强势力的部分，把自己的样态向着现象世界转变。

　　当纯质（悦性）的势力在自我统觉中处于支配地位时，就会出现十一个器官（十一根），包括五个感觉器官（五知根）、思维器官（意）和五个行为器官（五作根）。所谓五个感觉器官，是指视觉、听觉、嗅觉、味觉和触觉的五个器官，是知觉活动和运动之间的连接点。所谓五个行为器官，是指发声器官、手、足、排泄器官以及生殖器。

　　当"三德"之暗质（惰性）获得势力时，就会出现五蕴（pañca-skandha，五微细元素），即促使物质世界发生的种子。所谓五蕴，是指五种感觉器官的各个对象，包括色彩（色）、声音（声）、气味（香）、味、"温度、软硬"等（触）。从五蕴中又会产生作为形成世界的物质性基础——五大[1]，即地、水、火、风、空（以太[2]）。由于五大的互相作用，与人类息息相关的自然

---

[1] 五大（panca-dhatavah）：也叫五轮、五界，佛教术语，是在"四大"的基础之上又加上"虚空"，也称五大元素，但不能称为"五大种"。印度教和沙门外道也有五大元素的概念，但称为"五大种"，认为虚空是大种，佛教则反对此看法。佛教认为世界一切事物等物质的色法，包含山川大地等的器世间以及生命有情的身体，皆为地、水、火、风所构成，称为四大、四大种、四大元素或四界，每种元素有自己的体性。

[2] 以太（Luminiferous aether、aether 或 ether）：或译为光以太，是古希腊哲学家亚里士多德所设想的一种物质，为五元素之一。19世纪的物理学家认为，它是一种电磁波的传播媒质。

第二章　瑜伽哲学的本质

世界（器世间）形成了。自然世界的变化又造就了五大之间的循环运动。

从"三德"之激质中出现了主观性现象世界和客观性现象世界。这一"三德"的属性带有惯性、活动的性质，它也是自性（原质）可以转变的动力。如果没有激质的作用，就不会有自性（原质）的转变。

综上所述，数论派哲学秉持自性（原质）自动向现实世界变形、变质的二十四个存在原理——自性（原质）、大、自我统觉、十一根、五蕴、五大。在这样的数论派哲学中，宇宙是由以"光"为性质的感觉器官和以"暗"为性质的感官对象之间彼此对立构成的，两者之间存在着动力性的构造。当这种力量穿透光与暗，现象世界就会成立。

五、瑜伽行者的世界

宇宙中有天和地，陆地和海洋中都有生物，人也是其中的一部分。但这一节中我们所指的"宇宙"不是一个这样的世界，而是一个通过个人的感觉器官所体验到的"世界"。印度历史上自古就有这种对世界的思考，瑜伽的世界就是这样的世界。也就是说，瑜伽这种实践（行法）需要控制的世界不是一般认为的现实世界，而是瑜伽行者通过自己的感觉器官所体验到的"自我世界"。

把世界理解为个人的自我世界，这样的态度在佛教中也存在。初期佛教认为人的身心构成要素是五蕴[1]。所谓五蕴，是指色、受、想、行、识。第一项要素色指一切物质性的存在，其余的四项要素指心的作用。五蕴绝不是所有宇宙的构成要素，至少数论派、古典瑜伽学派以及初期佛教都没有考虑过包含所有个体、所有生灵在这里生长的这个宇宙。

瑜伽中应该去止灭的世界就是这样一个瑜伽行者的自我世界。因此，在瑜伽的最终阶段，瑜伽行者身上所显现的"神圣"并非离开了个体的观念性、抽象性的东西，而是在具体的个体中被直证的东西。

古典瑜伽学派基于数论派哲学的世界观，将自我世界视为自性（原质）的"三德"的三个要素的内部抗争，即"光""时""运动"之间的抗争，使"三德"之间重返均衡，阻止世界的发展，试图发现这样的纯粹精神（神我）的本来样貌。如果通过某种手段，使"三德"之间的均衡状态成立，自性（原质）活动停止的话，世界的发展就会停止，就可以回到原初的统一。正因为世界（宇宙）回到了原始的状态，梵语 puruṣa（神我）本来的样貌才会熠熠生辉而能够证悟，看到神我的瑜伽行者就实现了个人的解脱（个人的精神性至福）。

---

[1] 五蕴：是佛教关于人体及其身心现象构成的理论。佛教认为世间一切有情都是由五蕴和合而成，人的身体也是由五蕴和合而成的。五根、五境等有形物质为色蕴；受蕴是对境领纳事物，为心之作用，谓三领纳随触，即乐、苦、不苦不乐；想蕴是对境想象事物，为心之作用，想即思想之义；行蕴是对其他之境，关贪嗔等之善恶，为一切心之作用，即除色受想识，余一切行均为行蕴；识蕴是对境了别、识知事物，为心之本体。

六、瑜伽与语言

古典瑜伽学派吸收了很多数论派哲学的东西,在明确"以何种手段解脱"方面做出了很大的努力。他们尽可能地促使作为手段的瑜伽更具有普遍性。他们认为瑜伽不仅仅是那些具有超能力之人的修心之道,也是一般人通过遵守经典中的教义并拜师加以训练的可行方法。对这一方法的考察就是瑜伽哲学。

瑜伽的师父们并不讨厌使用语言进行说明。相反,他们认为语言和知识体系是忠实的,坚信通过语言和知识体系,瑜伽的传统可以更为广泛和正确地传播开来。的确,使用语言来表达瑜伽的终极之境几乎是不可能的,但正因为如此,才需要尽可能地试图去使用语言表达终极之境前的境界。对于语言的尊重,无论是婆罗门正统派哲学,还是佛教,都是一样的。印度佛教密教的行者们也没有忘记通过语言来进行说法。中国西藏著名的瑜伽行者米拉日巴尊者,讨厌论理学等知性体系,但他向弟子们说法的时候却坚信语言的有效性。瑜伽在印度和中国西藏的传播没有采取"不立文字"的态度。

一方面,印度的瑜伽行者们对于自己所建构的"世界"进行了细致的思考,并通过语言表达出来。瑜伽虽然是一种实践性的东西,但是为了传达其世界观(现状认识)以及实践过程中体验到的各种各样的实践经验,建立了一套精密的瑜伽哲学体系。另一方面,中国式、日本式的瑜伽,即所谓的禅,为了传达其世界观和修行手段并没有建立起精密的语言系统,这也是印度瑜伽与禅之间的一个很大的不同。

第四节　瑜伽的手段

一、控制心的作用

瑜伽本身并不是一种特定的理论体系，也不是一种与特定的宗派或者学派相结合的法门。瑜伽在本质上是一种手段和技术。它以个人的解脱（精神性至福）或者说为了得到某种特殊的心的能力（超能力）为目的，是实践者修炼自我身心的一种技术。

古典瑜伽哲学的根本经典《瑜伽经》将瑜伽定义为"控制心的作用"。

在印度，心和感觉器官常常被比喻为马。马的行动非常随性，完全不知道目的地在哪里，因此需要给马套上缰绳来控制马的行动。如前所述，"瑜伽"一词就是从意为"给马套上缰绳"的梵文动词"yuj"派生出来的。瑜伽行者也是这样，给心套上缰绳来控制自我的行动。但问题是要以怎样的方法来控制内心，如何动作呢？需要控制到何种程度？由于对应该控制的对象、控制的程度、控制的方法等方面的理解不同，就产生了后世各种各样的瑜伽派别。尽管派别林立，但各个教派对于瑜伽的第一要义（"控制心的作用"）的理解是没有差异的。

对古典瑜伽哲学的哲学思想，甚至印度的哲学思想而言，心的作用不单单停留在个人的精神层面，也指一切的现象世界。这与数论派哲学中的"世界"所意指的、个体通过自己的感觉器官所能够体验到的"自我世界"并不矛盾。也就是说，数论派哲学所主张的"世界"，既指通过个人看到的"世界"，也指想要超越个人框架的所谓"宇宙"。

个体所把握的世界同时也是超越个体的世界，这是印度对"世界"的理解。正因为如此，控制心的作用才能把五元素（五大）、行为器官、五感觉器官（五蕴）所分化的、活动的世界还原到原初的状态。

二、世俗的否定

静止世界的活动是非常必要的，若非如此，神我之光就会受到世界活动的阻碍，无法在瑜伽行者的身上熠熠生辉。

M.伊利亚德在《瑜伽：不死与自由》一书中这样说道："瑜伽正是如同能够使'神我'之光熠熠生辉的东西一样，控制世界的活动就能够开拓其解脱的道路，尽管瑜伽自身不创造任何东西。"对M.伊利亚德而言，所谓宗教是指在"世俗"中显现"神圣"的东西（M.伊利亚德的"圣显说"），而瑜伽正是消灭"世俗"，使得"神圣"显现的一种手段。

这种情况下的"世俗"并不是指毫无意义的俗世间的东西。瑜伽中所要消灭的"世俗"指一切心的作用，乃至"世界"。即使这些心的作用有利于日常生活，又或者在论理方面是正确的推论，对瑜伽而言也是应该消灭的"世俗"。

不仅仅是瑜伽，其他宗教行为（特别是个人的宗教实践）也常常是为了个人的重生而实践的。而对于不想改变"现在的自己"的人来说，他们是不需要宗教的。为了重生，就必须要死亡，重生和死亡之间在程度上有所差异，如果没有对自我的否定，在宗教意义上对自己的改变是不能实现的。"世俗"正是通过"消灭自己"才能够促使"神圣"显现。

综上所述，基于本书思想轴的"世俗"和"神圣"这一两极概念，在很大程度上得益于对M.伊利亚德的"圣"与"俗"概念的理解。M.伊利亚德把"圣"与"俗"这一两极构造根植于超越民族和时代的、人类最根本的心性之上。对他而言，太阳、月亮、星辰、宫殿、女性等都被视为"圣"的象征，无论在任何地方、任何时代都是共通显现的心性模型。对M.伊利亚德而言，世界神话中反复出现的模型构造在历史性、地理性条件的限制下是不可能还原的。因此，在M.伊利亚德的思想中，对于"世俗"的否定，在社会性、历史性的限制基础之上，它实际表现为怎样的形式，几乎是不需要考虑的问题。

第三章 《瑜伽经》的哲学

第一节　关于《瑜伽经》

一、印度人及其（修行）体系

瑜伽大致分为古典瑜伽和哈达瑜伽两个支流，这一点稍后会详细说明。在这里，我想首先来考察一下前者的根本经典《瑜伽经》中所表现的哲学。古典瑜伽相较于哈达瑜伽更为古老，一直保持着"瑜伽的古老形态"。

在考察瑜伽时，我们必须首先认识这样一种观念——对印度人而言，"体系"是不可或缺的，也就是说瑜伽这种技术或者体系不可或缺。印度精神常常追求的就是这种体系。从祭祀仪式、文法、修辞法、诗歌、电视剧到咒术，乃至瑜伽这种宗教实践，印度人几乎试图在所有的认知和行为领域中建立起体系，这就是印度哲学相当繁盛的原因。

哲学十分注重语言表达，但印度最终的哲学是超越语言的。即便如此，印度哲学也没有消灭来自语言的挑战。在紧要关头建立起的语言体系，在最终阶段保持沉默。到了印度主义时代，为了将非婆罗门起源的瑜伽这一宗教实践方法确立为一个系统性的"觉悟的哲学"，古典瑜伽学派用尽一切语言来说明瑜伽这一实践行法系统，其总结性成果就是《瑜伽经》。

二、《瑜伽经》的构成

《瑜伽经》是只有三十余页的小品经典，共分为四章，现有版本的成书年代为2世纪至4世纪。不论成书年代是2世纪还是4世纪，《瑜伽经》记载的所有内容都不是纪元后形成的，它是纪元前的印度若干实践传统调和以后形成的一部经典。

到底是怎样的印度传统形成了《瑜伽经》，还不甚明了，但像这种知之不详的情况不仅仅只有《瑜伽经》，印度其他古代经典也不同程度地存在这样的情况。这并不意味着印度各种各样的古代传统是含糊敷衍的东西。之所以无法确定某一学派的经典的作者及其成书年代，是因为经过几十年，甚至上百年的传承积累，这些经典大都是由多个编者来完成的。在古代，著者或者编者的署名，并不像今天这么重要，这是因为相较于著者的可信性，人们更加注重该著作的内容对于传统的真正承继。

《瑜伽经》的编者据说是帕坦伽利（Patañjali），他是否与文法学者帕尼尼（Panini）为同一人，目前仍然争论不休，尚无定论。但是，正如豪威尔所说，《瑜伽经》中最古老的部分很有可能就是由帕坦伽利编写的。虽然《瑜伽经》中还存在很多不够明确的地方，但是它作为古典瑜伽学派的经典一直沿用至今。

古典瑜伽学派的理论发展是通过对《瑜伽经》不断进行注解再注解，然后对这些注解再次进行注解（复注）来实现的。现存《瑜伽经》的重要注解书有毗耶娑（Vyāsa，广博仙人，公元500年左右）注的《瑜伽经注》（*Yogasūtra-Bhāṣya*）以及对该注解再次进行注解的祭主仙人（Vācaspati，公元850年左右）的复注和印度著名的哲学家商羯罗（公元8世纪左右）所作的复注。

关于《瑜伽经》四章的具体内容构成，尽管现在仍然没有定论，但以下将《瑜伽经》整体分为四个部分的说法是可靠的。

		现行经文编号
第一	哲学基础	一章
第二	实践理论	二章 1—27
第三	瑜伽八支及其结果	二章 28—四章 1
第四	关于心的转变	四章 2—34
（心的展开）等的理论		

第一部分中也加入了几个明显不同的传统，严格来讲，《瑜

伽经》的内容构成远比这一说法要复杂。第一部分所说的瑜伽和第三部分所说的瑜伽也属于不同的传统，编者帕坦伽利试图统一这些不同的传统。因此，《瑜伽经》的很多内容都承载了连接这些不同传统的作用。

第二节 《瑜伽经》哲学

一、何为经？

《瑜伽经》开篇的"我们现在开始讲说瑜伽"（1·1），这一句是整个篇章的起始。这样的开篇标题与其他学派的经典的开篇非常相似。比如，试图把吠陀祭祀仪式体系化的《弥曼差经》（*Mīmāṃsā sūtra*）就是从"我们现在开始来探求仪礼"这一开篇标题开始的。还有《吠檀多经》（*Vedānta sūtra*，或译为《梵经》），也是从"接下来我们来探求一下梵"这个开篇标题开始的。

梵语"sūtra"原意是"线"。关于其由来，据说是因为印度古代的经文写本都是一页一页的，如同窗户上的百叶窗一样，需要在贝叶或纸上打孔，然后穿上线进行装订。"sūtra"有"经"

的意思，通常在尽可能短小的文章中被使用，但仅凭这些，在很多情况下很难理解它的意思。所谓"sūtra"，是指师父向弟子讲法时的解说词，或者是看起来更加方便的东西，但也并不是说这种学习只通过这些方式进行。而作为佛教经典的"sūtra"，如《般若经》《华严经》与《瑜伽经》或者《弥曼差经》是有些许不同的。也就是说，佛教所说的"经"不仅是佛陀向人们解说教义的概要性的论述，还是一种文学作品。

接下来《瑜伽经》开始论述"瑜伽是心的寂灭"（1·2）和瑜伽的定义。问题是寂灭（nirodha）一词的意思。该词一般被译为"控制"或者"止灭"，但是这两种译法存在着很大的区别。"nirodha"是梵语单词，有"哪里"之意。如果译作"控制"心的作用，那么即使存在心的作用被压制或者变质的情况，心的作用也不可能消失；而如果译作"止灭"心的作用，那么心的作用就消失了。

消失是指怎样的情况呢？它绝非是指停止作为生物学的生命体的活动，也不是指进入睡眠状态。通过瑜伽进入三摩地的境界，既不是进入睡眠状态，也不是行者对自己进行了催眠。那么，是不是什么都不思考呢？的确，也许应该有这样一个考量吧。但是，这种不思考、茫然地坐在那里真的就是瑜伽所追求的境界吗？难道就像是在结束了一天的工作，悠闲地吸一根烟的时候，或者一日终了泡一个热水澡的时候，什么都不去思考，或者说已经没有了思考的力气，类似于进入了一种休憩状态吗？

绝非是这样的！如果只是为了追求这样一种休憩状态，那么印度的瑜伽行者就不会抛舍家与亲人，甚至献出自己的生命，去追求这种"心的作用的寂灭"；嘉纳释瓦牺牲自己的生命所追求的也绝不仅仅是这样一种为了放松自己而使自己进入毫无思考的状态。

二、控制与止灭

《瑜伽经》的定义中出现的"nirodha"一词，有控制和止灭两个意思。后世的注释家根据各自的立场，对这两种理解都非常重视。概观瑜伽的整个历史，关于心的作用到底需要被控制到何种程度，有各种不同的理解。大致来说，古典瑜伽学派所代表的古老形态的瑜伽重视"止灭"这种理解，而后世的密教瑜伽则更加重视"控制"这种理解。

《瑜伽经》（1·3）中简单论述了瑜伽哲学的理论基础，即"当心的作用被寂灭（nirodha）的同时，作为纯粹观照者的（神我）将会停止在自身原本的状态"。如前所述，"观照者""神我"是数论派哲学的术语。"心的作用被寂灭"指的是在短时间内原质发展成为现象世界的这一过程，它最终使得个人的经历达到原初的状态。瑜伽所追求的就是这种状态。

三、神我与原质

在心的作用没有被止灭时，作为纯粹的可见之物的神我处于怎样的状态呢？在《瑜伽经》（1·4）中可以找到答案。"不是这样的时候（即心的作用没有被止灭时），'神我'是一种与心的各种各样的作用同化的形态。"神我如同大王在看"一个一个登场跳舞，又一个一个退场的舞女"一样，在看原质的活动。大王的心因舞女们的身姿而跳动，这里的"舞女们"是指原质在对作为精神性原理的神我发生作用。此时的状态是心的作用未被止灭的状态。

神我存在于每个个体之中，这些神我遍布世界。因此，世界上有多少个体，就有多少神我。原质也遍布世界，神我与原质互相发生关系。原质在神我中显示现象世界的千姿百态，而神我在这一过程中领悟与这充满苦涩的世界毫无关系的纯粹精神。根据数论派哲学的见解，创造这种多样世界的原质（严格来说是自我置换成这种多样的世界），是因为有看守神我的职责而存在的。数论派哲学认为原质复杂的变化发展就是为了救赎神我，这就是之前所提及的原质的"救赎论"的目的。神我不以其本来面貌存在，必须要与心的作用相同化，在与心的作用相同化的同时，又在原质的发展过程中受其影响。这实际上也是神我从这个世界上解放出来的原因。这样的思维方式在宗教中十分常见。

佛教认为，处于无明的世界是"原因"，而觉悟是"结果"。因为需要从无明的状态到达觉悟的境界，或者是实践"道"，所以这种无明就是觉悟的原因。同样，神我没有意识到自己的本质，与心的各种各样的作用相同化，这是"因"的阶段，而心

第三章 《瑜伽经》的哲学

的作用的寂灭，使得神我停止于原本的状态，就是"果"的阶段，这就是瑜伽所追求的达到"结果"的"道"。

四、心

在以上的论述中，所谓"心的作用"中的"心"又指的是什么呢？

心[1]是从意为"认识、知觉"或"照亮、使……发光"的梵语动词词根"cit"变化而来的过去被动分词，从字面上可以理解为"被认识的事物"。在《瑜伽经》中，没有给出"cit"的确切定义。但一直以来，这一用语常被置换为"内官""心的复合体""意识""思考原理"等。《瑜伽经》中所讲的心，其意思虽然有些不甚明了，但从其用法来判断，可以认为其指使一切意识活动、精神活动成为可能的机构。

心当然不是神我，也不是原质开始转变的初期阶段的"大"或"自我意识"，而是存在于"思考器官"（意）[2]的背后，能够思考的才是心。因为只有通过心，神我和原质才能够结合。《瑜伽经》(1·4) 中写道："没有回归本源时，（神我）在心的作用

---

[1] 心（Citta）：音译质多，意译人的思想、心灵、心智、辨别能力。在早期佛教中，因为意义相近，它经常与识、意等词混用，被当成它们的同义词，但三者之间又有一些区别。心的所缘，称为心所，心与心所再构成名法。

[2] 意（Manas）：音译为末那，佛教术语，指意识、意志、心灵。在早期佛教经典中，经常与心、识一同出现，被当成它们的同义词。意常被用来指人类思考的能力，执行想的能力，是六处、六根与六识之一。

中与其同化。"但由于心的作用被神我所感染转化,就实现了神我与原质的结合。

"染上了看与被看的心,将一切事物作为对象。"(4·23)

在这里,"看"就是神我,而"被看"就是转变后的原质。"染上了"是指被看到,"作为对象"是指看。因此,通过神我所看到的"心"就是看到的神我。如此一来,"心"即"看的东西",也是"被看的东西"。

五、心的作用

根据《瑜伽经》,心的作用可以分为以下五类(1·5-11):

1. 正确的认识(包括其手段)
   a 直接知觉
   b 推论
   c 传统性说教
2. 谬误(与事实相反的认识)
3. 分别知(仅仅基于语言的认识,难辨真伪的判断)
4. 熟睡
5. 记忆

关于这些作用与心的关系,在《瑜伽经》中没有明确说明,但是可以认为,心是指整体性的机构,而这些作用是指这些机构作用的一个部分。根据"实在论"的胜论派的见解,在"我"[1]这一实体中存在认识("觉")这一属性。两者之间被严格地区分开来。和胜论派中所论述的我与认识(觉)一样,在瑜伽哲学中,心与其作用也被严格地区分开来。因此,《瑜伽经》中的"心的作用"应该理解为"抓住各种不同形态的心的作用的心"。

六、潜在印象

这五种心的作用是上升到意识层面的东西,但在"心"中还积蓄着"意识之下"的过去经历的印象。即使心的作用消失,心作用时的气势(惯性)仍然可以作为印象保留在心中。这种"潜在印象",梵语中称为"行蕴"[2]。在行蕴中存在记忆、烦恼、业遗存。业遗存是指"烦恼作为原因,在现世或者他性中有可能经历的东西"(2·12)。

记忆和烦恼会成为"心"转变的原因。记忆是指过去的经历铭刻在心上,既有想不起来的潜在情况,也有能够意识到的显在情况。记忆又生出新的"心的作用",这在日常生活中经常有所感受。烦恼是产生"心"的各种各样的作用的母体,大致

---

[1] 我(ātman):意为真正的我、内在的自我。这个术语起源于古印度宗教,在各宗派中普遍被接受,后被印度教承袭。在印度哲学中(特别是吠檀多派),梵与我合一,是终极实在,是超越和不可规范的唯一实在,被视为精神与物质的第一原理、第一因。佛教不认可这种学说,主张一切法无我。古代汉译典籍中就将其译为"我",不与普通的人称指代加以区别化,现代常译为"梵我",以示区别,也有的意译为主体。

[2] 行蕴(Saṅkhāra):在印度哲学和印度宗教中,这种无意识印痕是精神印象、回忆或心理印记。

可以列为以下五类：

1. 无知（缺乏真理性的认知，如将"无常"视为"常"）
2. 我想（错把内官的作用视为神我）
3. 贪欲
4. 憎恶
5. 生命欲（试图生存下去的自我生存本能）

与记忆的情况一样，烦恼也分为潜在性和显在性。以潜在性的形态存在的烦恼可以通过"逆向转变的心"来窥视。也就是说，拥有心的作用的根本物质（原质），和"大""自我感觉""现象界"一样，是转变而来的，但通过瑜伽所得知的神我的本质的"心"，改变了一直以来转变的方向，向着原质进行了逆向转变。

逆向转变的心，把还未发生的潜在烦恼退回到原初的根本物质（原质）中，使其再度灭亡。已经显在化的烦恼，可以通过进入深层次的瑜伽（冥想）阶段来应对。如此一来，瑜伽是试图控制"无意识"的。

当控制或者止灭"心的意识作用"以及"潜在印象"时，"看（神我）"和"被看（原质）"就不再结合了。如此一来，神我就获得了"只有自我的存在状态（独存位）"，为了得到神我的这种状态，就必须进行有序的修炼。

第三节　瑜伽八支

瑜伽八支系统

瑜伽是一种计划性、主动性的反复行为,必须根据制定的计划,按照一定的步骤和顺序逐渐攀升。瑜伽需要学习一段时间,并且在不同的修行阶段体味各种各样的修习体验,一步一步地攀登修炼的阶梯。

《瑜伽经》(2·28-3·8)中说明了"八阶段瑜伽"(瑜伽八支)这一瑜伽修行系统。这一部分是前面所述的《瑜伽经》中最为古老的部分(2·28-4·1)的前半部分。

瑜伽的修炼由八个阶段(anga,从梵语的字面意思来看,是部门、枝的意思)构成。

1. 禁戒（Yama）（外律守戒，道德性的准备）

2. 劝诫（Niyama）（通过自律达到自我净化，瑜伽在精神、身体上的准备）

3. 体式（Āsanas）（作为瑜伽实践而准备的坐法、体位法）

4. 调息（Prāṇāyāma）（呼吸、气的调整）

5. 制感（Pratyāhāra）（感官的回摄，把精神从感觉和外部事物的奴役中解脱出来）

6. 专注（Dhāraṇa）（特定情况下心的专一、凝念）

7. 冥想（Dhyāna）（禅定，使意识持续专注于冥想的对象，也称移神）

8. 三摩地（Samādhi）（入定，心神合一，由冥想获得的超意识完全融入灵魂，达到梵我合一）

以上八个阶段分为三个部分，分别是第一到第二阶段，第三到第五阶段，第六到第八阶段。第一部分是进行瑜伽时的自我道德性准备和身体上的准备。第二部分是为了进入瑜伽所追求的境界而进行的实质性训练。第三部分的三个不同阶段实际上是连续不间断的一个过程，被称为"总持"[1]，包括专注、冥想、三摩地，以进入三摩地的境界为目的。

---

[1] 总持（samyama），又译为总制、三夜摩等。

1. 禁戒

第一阶段的"禁戒"又分为五个项目，即不杀生、正直、不盗、不淫以及无财产。这与佛教中的五戒（pañca sīla）几乎相同。这是作为瑜伽行者需要遵守的最小限度的社会性规范。

瑜伽行者并不像佛教的比丘、比丘尼那样进行集体生活，也不像居家佛教徒那样进行一般性的社会生活。一方面，他们的饭食大都来自普通家庭的施舍；另一方面，他们也必须要成为人们所崇拜的理想对象。所以，瑜伽行者绝不是一种反社会的存在，而是一种积极参与社会，并且与社会互动的存在。尽管后世也出现了以"性行为"为修炼手段的瑜伽行法，但这样的瑜伽行法必须是在获得师父的许可之下才可以进行的，所以并不是搅乱社会性道德的行为。

2. 劝诫

第二阶段的"劝诫"同样可以分为五个项目，分别是洗涤身心、知足、苦行、诵读经典、祈念自在怙主（īśvara）。行者需要保持身心的清洁，并且必须要通过慈悲心来净化内心，且只能满足于与生命相关的事物，不可追求除此之外的事物。苦行、诵读、祈念自在怙主，这三点被称为"行事瑜伽"（《瑜伽经》2·1），有发现三摩地、减弱烦恼的效果。

《瑜伽经》承认自在怙主的存在，是有神论。在这层意义上，它与无神论的数论派哲学不同。但瑜伽之神"īśvara"[1]不是世界的创造者，也不是宇宙的根本原理。自在祜主是不被"烦恼"所污染的特别的"puruṣa"（神我）（1·24）。这里的"puruṣa"与数论派哲学的"神我"有些许不同，它是瑜伽行者的模型，是人格性的存在，是"太古的上师的上师"（1·26）。

向自在祜主祈念，在瑜伽行法中有着特殊的地位。这是因为，素质优秀的瑜伽行者只要通过向自在祜主祈念就能进入三摩地（1·23，2·45）。一般而言，行者进入三摩地需要一个阶段一个阶段地进行修行，这也是瑜伽的一个特征，但仅仅通过在心中祈念自在祜主就能直接进入三摩地的素质优秀的瑜伽行者也是存在的。

3. 体式（坐法）

瑜伽实质性的行法始于第三阶段的"体式"。为了实践修习瑜伽，必须进行"安定而舒适"的坐法。跏趺、挺背、抬头，这一坐姿（与佛的坐像相似）是进入三摩地境界的佛的坐姿，也是瑜伽行者所追求的坐姿。

尽管也有通过舞蹈和歌唱进入恍惚状态的人，但绝不是通过唱歌、跳舞的方式进行瑜伽。在第二阶段，虽然有诵读这一项，但也只是行者自身内心的准备。瑜伽行者不能动，也不能说话，就连心也不能起作用。因为活动身体、发声说话、使心

---

[1] Īśvara：自在，音译伊湿伐罗，印度教和佛教用语，又作无碍、纵任，即自由自在，做任何事均无障碍；还表示主人、祜主，故又可译为自在主、自在祜主。印度教译为上主。

波动，都是原质在发挥作用，是世俗的东西。作为神圣的神我存在于这些原质之中。通过行法，要首先控制这些身体（身）的活动和言语（口）的活动，在之后的阶段再控制心（意）的活动。

《瑜伽经》中没有详细说明体式（坐法），只是提到体式（坐法）需要"安定而舒适"（2·46），"缓解紧张，使心与无限的东西合二为一"（2·47）。也许，实际的坐姿是由师父直接传授的，但在后世盛行的哈达瑜伽的文本中却详细地记录了体式（体位法），这一点稍后详述。

4. 调息

端坐的瑜伽行者需要调整自己的"气"[1]。"prāṇa"是指"息""呼吸"，但这里的"prāṇa"不是指息，而是指气或者说是生命能源。在"prāṇa"这个词中也有生命这层含义。气和息之间有很深的关系，气的调整，实际上是从调整息开始的。

气是心的作用的能源，是"活着"这一真实感受的源泉。身体中存在血液循环，空气吸入呼出，也存在神经系统做出的各种反应。身体中存在能源的流动，而且是丝毫不能间歇的。虽然这种能源到底是什么还不明确，但可以确定的是这是只允许存在于生物体内的波动。人有循环、神经、消化等系统，其

---

[1] 气（prāṇa）：字根来源于梵语 prā，相当于拉丁语的 plenus，意为充满。在印度医学与瑜伽中，气又译作风或音译为般纳、普拉纳或般尼克，是一种生命能量，类似于中医所说的气。藏传佛教也继承了这个观念，气在密宗修持与西藏医学中占有重要的地位。

中呼吸系统是可以根据人类的意识来改变其作用的，这也是瑜伽行者能够在端坐之后进行调息的一个原因。

人在愤怒时，呼吸的间隔就会缩短。为了"使气息平静"，我们会有意识地大量吸气。通过催眠术，使身体不得动弹，进入僵硬挺直的状态，可以通过听从大脑发出的"大量吸息"的命令来脱离这种硬直的状态。如此一来，气的调整就是人的精神以及身体状态的调整。

《瑜伽经》中关于调息的说明很短，注释家对其的解释也是多种多样。但调息的目的都是"切断呼气和吸气的流动"（2·49），尽可能地使吐气和吸气所需时间"变长变细"（2·50）。如此一来，就可以慢慢进入一种呼吸不明的状态。这样，只要控制了呼吸的方法，体内气的流动就不会停滞，人也会变得神清气爽。气与人的意志作用深深联系在一起。调整气，即使是在瑜伽八支的第五阶段也是有必要的，可以加强瑜伽行者的意志。特别是在第六阶段，对于意志（意）的集中是很有必要的。

5. 制感

只要我们醒着，眼、耳、鼻等感觉器官就会时时刻刻与各种对象联系在一起。感觉器官是极难控制的，常常被比喻成马。如果放任这些感觉器官活动，气就会变得散漫，就不可能控制心的活动。

在第五阶段"制感"中，拉回试图与感官对象联系起来的感觉器官的结果就是"感觉器官似乎成了'心'本身的仿造品"（2·54）。也就是说，感觉器官停止与各个感官对象的联系，只听从于"心"的活动。在这里，瑜伽行者的"心"和离开感官对象而变得顺从的感觉器官一起，等待着进入下一个阶段。瑜伽行者的"心"并不是就这样在与感官对象不相结合的状态下沉寂下去，而是在下一个阶段中与被选择的感官对象相结合。为了选择对应的感官对象，就需要首先切断与感官对象的结合。

6. 专注

在经历了上述五个阶段之后，行者的准备过程就结束了。从第六阶段开始真正进入瑜伽的冥想法。在《瑜伽经》中，这样定义"专注"：

> 所谓专注（Dhāraṇa）是指在（特定的）情况下与心相结合。

梵语"Dhāraṇa"是指彻底地保持，在这里意为保持使心凝固的状态。在某种情况下，通过结合的方式使得心不动，这是专注的特征。在第五阶段，从感官对象中脱离出来的心，在这里需要选择一个能够集中精神的地方。为了专注，就需要这样一个场所。根据毗耶娑（广博仙人）注释书的解释，这个场所可以是肚脐、心脏、鼻头、舌尖等身体的一部分和外界的东西。所谓"外界的东西"，是指花或者毗湿奴神的姿态等。

把感官对象与心结合起来的过程中，需要具备强韧的"意"（Manas，掌管意志作用和思考作用的器官），这是在第五阶段培养出来的。意有志向作用，通过集中这一志向作用，可以把心与感官对象结合起来。结束这一阶段不需要很长的时间。这是因为，这一阶段的目的是把心结合在特定的场所（对象）。与场所（对象）相结合的心立刻就会开始考察与其对象相关联的各个方面。此时，瑜伽行者开始静静地思虑从而进入第七阶段。

如上所述，尽管是一个一个地分别叙述了从第六到第八阶段，但它们之间很难划定明显的界限。

7．冥想（禅定）

在与特定的场所（对象）相结合的心中产生的念想，促使这个阶段一味地延长。在《瑜伽经》中这样写道：

> 所谓冥想，是指在（被选择的场所）一味地延伸念想。

把心与场所（对象）结合起来时，在心中会浮现出怎样的形象呢？关于这一点，在《瑜伽经》中没有提及。在《毗湿奴往世书》（*Viṣṇu Purāṇa*）（4·7·77—85）中这样说：

> 把心凝结在毗湿奴神的姿态上，然后延伸各种各样的念想。

第三章 《瑜伽经》的哲学

他的脸很平和,眼睛如同莲花的花瓣。脸颊美丽,宽阔的额头闪闪发光。迷人的耳饰悬挂在左右两边大大的耳垂上,脖子上镶嵌着三根由海螺贝壳制成的项圈……他有八条或者四条胳膊,两腿也整齐地盘在一起……他如同梵一般,穿着黄色的衣服,戴着宝冠和手镯。

这样,凝结于毗湿奴神的个人念想就会无限扩展开来。相较于把心与感官对象相结合而集中于一处的专注,冥想有了更进一步的扩大。在这一阶段中,行者的心虽然与对象相关联,但是他的心不会因为对象的特质(染污)而失去清明。心的状态至少是平静的,不会为了竭尽全力地念想而使得个人身体僵直。在这个过程中,自我透析一直在持续,瑜伽行者也将在这种静静的清明中逐渐用光点亮对应对象的世界。

8. 三摩地

念想选择了对象以后向各处延伸,瑜伽行者可以看到自己进入了与之前完全不同的次元。也就是说,在此之前,自己是针对对象一直在考虑念想,但是在自己的心中早已经没有思考对象的必要了。"心就是对象本身。"在冥想阶段,行者的心一直"照亮"对象,但是在三摩地阶段,对象将以新鲜的姿态"进入"瑜伽行者中,届时,行者已经"看"不到对象了。

从各种角度"被看到"的毗湿奴神的形象,现在已经不仅仅是简单的形象，对于行者来说，是毗湿奴神"站在自己面前"的现实存在。不对！"站在自己面前"这样的说法也不对！而是，此时的毗湿奴神就是行者自己。

在《瑜伽经》中，这样定义了第八阶段：

它（冥想）仅仅作为对象出现，而自身如同被放空一般的状态就是三摩地。

我们在看对象时，一般来说有这样一种意识（自己一直在看对象），但在三摩地阶段，没有"看"这种意识。"自身如同被放空一般"，不是说心被对象抢走，进而处于忘我的状态，正好相反，心在自我之中满足了所有的对象之后，心本身就处于如同放空的状态。

心已经具备了完美的机能，所以心不再追求其他。"花"的"红"映在水晶上，水晶整体都会变红。这个时候，水晶（也就是心）作为对象出现，在心中没有残存透明的部分。

即使在这个阶段，行者的心依然是平静的。呼吸始终又细又长，没有精神亢奋。但是，行者的心（虽然已经不再是"心"）原原本本地折射出对象的活动。颜色始终鲜艳、香味一直强烈、声音澄澈响遍四方，这里出现了我们未知的新世界。在三摩地阶段出现的世界绝不是陷入黑暗的"死亡世界"。不动、不语、不使感觉器官发挥常有的作用，却可以感受到"活生生的世界"。

以上就是"八阶段瑜伽"(瑜伽八支),但这也只是瑜伽的前半部分。因为在这八个阶段中,控制(止灭)心的作用仍不完全。在三摩地阶段,心的作用虽被控制,但仍然是有对象的形象产生的世界。《瑜伽经》所最终追求的境界是没有丝毫形象,心的作用被彻底止灭的世界。

第四节 "有种三摩地"与"无种三摩地"

一、"真智"的显现

在瑜伽八支的第八阶段三摩地中，对象存在于行者的心中，在这个意义上被称为"有种三摩地"。行者在获得有种子的三摩地之后，必须进入没有对象的"无种三摩地"。《瑜伽经》(3·8)明确地说，瑜伽八支仅仅只是进入无种三摩地的外在的部分，即前期阶段。

多次反复修习瑜伽八支、无论何时都可以进入三摩地状态的行者，会闪烁着"真智"（prajñā，般若、智慧）[1]的光辉，这是内在的"prasāda"（清澈的静寂）(1·47)。真智也有对象，但

---

[1] 般若（Prajñā）：梵语音译，本义为"超越之智慧"。

是"它的对象是特殊的个体（viśeṣaḥ），与语言和推理的对象不同"（1·49）。

从第六到第八阶段，语言仍存在于行者的心中。在第八阶段，没有把对象置于日常世界来看待，即便如此，与语言或者概念相结合的形象还是存在的。并且，为了终结被称为总持的这三个阶段（第六、七、八阶段），需要相当长的时间。

现在产生了一种不与语言相结合的"直观智"。如果以"这是某某"的思考方式来看待对象的话，那么，他的认识已经与语言结合在一起了。所谓与语言结合在一起，是以普遍的联系为对象的。例如，"这是花"，事先思考了所有花共通的"花性"这一普遍的联系之后，如果现在看到的东西有这种"花性"，就可以判定为"这是花"。

那么，现在这里所产生的真智，是以通过语言无法识别"这个就是它"的个体为对象的。因此，真智不与语言或者形象相结合，而是瞬间性的。总持中存在的活生生的形象世界在这一阶段被反转，逐渐进入超越形象和语言的世界之中。

即使在这个阶段，也存在特殊的个体这一对象。但是不难理解，真智相较于第八阶段，更加接近瑜伽的最终阶段（彻底止灭心的作用）。

从这个真智衍生而出的行（残存印象）会阻止其他的行的产生（1·50）。因此，在这个阶段，不会重新产生新的业和烦恼。这是因为业的产生需要业的行。从真智中衍生的行，只能产生真智。脱离烦恼和业的心早已不再与三德结合，而是与神我相对。

二、无种三摩地

关于无种三摩地，在论述瑜伽哲学概略的《瑜伽经》第一章的最后（51），这样写道：

当止灭它（真智）时，所有心的作用都会被止灭，由此产生了无种三摩地。

没有形象的世界，《瑜伽经》提倡制止以个体为对象的直观智。直观智如同蜡烛即将熄灭时灯芯残存的火光一样渐渐消失。这时，所有的心的作用就会被止灭。在这里会产生没有对象的三摩地。这绝不是什么也不思考，也不是气绝，更不是进入忘我的状态。它始终是意志支配下的实践。

不把对象形象化或语言化，连直观智都不存在的三摩地到底是什么呢？原本三摩地是指"使心终结，放下对对象的执着"，使所有心的作用消失。为什么三摩地这种实践会成为可能？

在这里，我们需要面对瑜伽哲学最大的问题。这不仅仅是瑜伽的问题，也是大乘佛教中"空"思想的问题，还是婆罗门正统派吠檀多哲学的问题。总之，印度所追求的"实在"是超越语言的东西，只是使用语言来说明超越语言的东西的方法，根据各个学派的不同而不同。

三摩地停止以个体为对象的直观智，这无疑如同从眼睛中夺走光明，从耳朵里剥夺声音，撕裂身体一般的（始终是澄澈宁静的做法）波动。这是一瞬间烧毁人类行为（原质的作用）的"火"，世俗的时间被永恒的神圣所烧尽。这一瞬间改变了自此之后的瑜伽行者的所有存在。瑜伽行者把这个三摩地的瞬间当成自己可得的恩惠，一生铭记。

三、《瑜伽经》之后

《瑜伽经》所描述的瑜伽是编入婆罗门正统派的一种瑜伽形态。这种瑜伽被称为"胜王瑜伽"（Raja Yoga），一直延续至今。除此以外，在婆罗门正统派中还产生了其他各式各样的瑜伽形态。

尽管《瑜伽经》把无种三摩地作为修行的终极目标，但历史上也出现了把重点放在有种三摩地上的瑜伽。在这样的瑜伽中，观想的形象起着重要的作用。瑜伽是否注重观想的形象，这不仅仅是婆罗门正统派瑜伽中存在的重要问题，也是佛教瑜伽中存在的重要问题。这与其说是单纯的瑜伽种类的不同，不如说是触及更深层次思想的根本问题。

在下一章中，我们将了解相较于《瑜伽经》更注重观想形象的瑜伽门类。

第四章 哈达瑜伽行法

第一节　哈达瑜伽的传统

一、印度六派哲学与瑜伽

公元 2 至 5 世纪是印度六派哲学的形成时期。所谓六派，是指注重论理学的正理派、注重自然哲学的胜论派、古典瑜伽学派、数论派、试图把吠陀祭祀仪式系统化的弥曼差派以及试图把"梵"和"我"一如的吠檀多学派。

公元 5 世纪之后的几个世纪，印度六派哲学理论不断得到发展，特别是在这个时期他们建立起基于各自立场的世界观，在论理学、认识论、自然哲学等方面的发展格外突出。这意味着这个时代的人们相较于之前更加关心世界。

笈多王朝（Gupta Empire，4—6世纪）[1]时期，印度教的势力超过了佛教的势力。种姓制度（印度的世袭制度）作为社会的基本制度框架而发挥作用。此时期的美术、工艺、数学、天文学等高度发达，哲学家们也不得不去接触社会中的具体事物。也就是说，世界的具体构造在此时成为一个问题。当然，这一社会性的变化也给瑜伽行法带来了影响，即行者不仅仅要控制自己的心的作用，还不得不去关心自己所生活的世界。

古典瑜伽作为瑜伽的原型保存至今，但也有新型瑜伽开始追求新登场的主题——"世界的构造"。这里的新型瑜伽可以整合为十二三世纪出现的被称为哈达瑜伽的瑜伽体系。

哈达瑜伽十分关注"世界的构造"，所以相较于古典瑜伽，观想的形象在其中发挥着重要的作用。为了使形象更加鲜明，哈达瑜伽主张活化心的作用，而不是止灭。如此一来，在控制心的作用方面，相较于古典瑜伽，哈达瑜伽更加注重精神生理学式的肉体的修炼。但我认为，这两种不同类型瑜伽的诞生，对于印度宗教而言是必然的。这是因为，古典瑜伽和哈达瑜伽分别代表了宗教实践的两个不可或缺的方面。

古典瑜伽的目标是否定世俗（心的作用），而哈达瑜伽是通过神圣来神圣化世俗（心的作用、世界），不是否定世俗，而是显现神圣。通过神圣的力量使得世俗神圣化，这样的构图在瑜伽中（进一步讲，佛教也是如此）开始被找到。

---

[1] 笈多王朝：是以恒河流域中下游为基地的大帝国，曾统治印度次大陆中的许多地区，是印度历史上最兴盛的朝代之一。

二、《牛护百颂》

首先，我们来概括地了解一下哈达瑜伽的历史。哈达瑜伽形成于 8 至 9 世纪，13 世纪的大成就者郭拉洽（Gorakṣa，牧牛尊者）将其集大成。郭拉洽活跃于北印度以及尼泊尔地区，开创了郭拉洽那提派（隶属于湿婆派）。据传，他写作了《哈达瑜伽》和《牛护百颂》（《牧牛尊者百论》），但前者已经遗失，后者是仅为 100 颂（确切来说是 101 颂）的小作品，但是却简明扼要地归纳了哈达瑜伽的体系。

跟从郭拉洽的人们（郭拉洽那提）经常被称为"康伐达"。这是因为他们耳朵的软骨为了能镶嵌耳饰都被切除了。"那坨"是指"导师"或"主"，是对像郭拉洽这样获得超能力的人的称呼。他们经常是一些咒术者，有时带有萨满主义的特点。在 12 世纪以后的印度，对称为那坨的行者的崇拜（那坨崇拜）十分盛行，从东印度的孟加拉地区（Bengal）、尼泊尔地区，进而到西印度，例如马哈拉施特拉邦，这种崇拜形态逐渐扩展开来。

郭拉洽的瑜伽系统在那坨崇拜盛行时得到了广泛的普及，另一方面，它又起到了增强那坨崇拜的作用。马哈拉施特拉邦的圣者嘉纳释瓦也被编入了这一崇拜系统之中，成为那坨崇拜的对象。

三、《哈达瑜伽经》[1]

阐述郭拉洽的哈达瑜伽行法的著作有几本被保留下来，如 16 世纪由圣者斯瓦特玛拉玛（Svātmārāma）撰写的《哈达瑜伽经》，系统地说明了哈达瑜伽。之后又出现了由格兰达（Gheraṇḍa）执笔的哈达瑜伽解说书《格兰达本集》（Gheraṇḍa-saṃhitā）。这两本著作作为哈达瑜伽的解说书，对于了解哈达瑜伽而言特别重要。

《哈达瑜伽经》与构成不甚明了的《瑜伽经》不同，其内容构成一目了然。共分为如下四章：

一章　体式（āsana：体位法）
二章　调息（prāṇāyāma：换气法）
三章　契印（mudras：印相）
四章　三摩地（samādhi：三昧）

《哈达瑜伽经》的各章内容相较于哲学性的说教，更注重实际的训练方法和效用。

《格兰达本集》共分为七章，虽然讲解了与《哈达瑜伽经》相同的条目，但是内容侧重点和讲解的顺序有很大的不同。

《哈达瑜伽经》的开头有对湿婆神的"归敬偈"（1·1 前半），

---

[1]《哈达瑜伽经》（Haṭhayoga Pradīpikā），又译《哈达瑜伽之光》。

这表示该著者属于湿婆派，或者与湿婆派有很近的关系。后世，哈达瑜伽与湿婆派教团以及吠檀多哲学建立起了密切的关系。

《哈达瑜伽经》是哈达瑜伽为了达到像胜王瑜伽那样的等级而创作的作品（1·1后半）。这里所说的胜王瑜伽是古典瑜伽，即哈达瑜伽把自身定义为精神性古典瑜伽的前期阶段，在《哈达瑜伽经》（3·125）中写道："如果没有胜王瑜伽，无论如何也没有美丽的大地和夜晚（保息：哈达瑜伽的调气法），契印也不会闪耀光辉。"尽管存在这样的哈达瑜伽定位的论述，但实际上伴随哈达瑜伽精神生理学式的修炼，获得超能力才是瑜伽行者的真正目的。

第二节　哈达瑜伽的准备

一、乞食与结庵

修行哈达瑜伽与修行古典瑜伽的情况相同，在开始瑜伽之前需要做各种各样的准备工作。确保修行的条件是"在容易乞食和不太有人气的地方结庵"（1·12）。庵室的地板上都涂有牛粪（干燥的牛粪作为"神圣的东西"，可以起到杀菌作用），没有蚊虫，门户窄小，房间不大而干净，门外有水井和阳台，房子周围应该有围墙（1·13）。

《哈达瑜伽经》接下来又列举了禁戒（yama）和劝诫（niyama）等各个项目。禁戒是指非暴力、诚实、不盗、梵行（不与女性发生性行为）、忍耐、节食等。劝诫是指苦行（tapas）、知足、布施、供养神、聆听圣教、持咒（mantra）等（1·16）。其中必须首先实践禁戒和劝诫,这与帕坦伽利的《瑜伽经》的情况相同。

二、瑜伽行者的膳食

瑜伽会因为过度饮食而功亏一篑(1·15),因此瑜伽行者必须有节食的觉悟。放空胃的四分之一,只吃一些由黄油和甜味料调味的食物(1·58),辣的、酸的、刺激性的、咸的食物,如酒类,鱼、羊肉等肉类,大蒜等食物都是瑜伽行者的禁忌食物(1·59—60)。适合瑜伽行者的食物主要有小麦、大麦、米、生乳、黄油、冰砂糖、干姜、黄瓜以及野菜和豆类等(1·62—63)。

三、身体的净化

印度医学根据三个生理性元素说明人类的身体。这三个生理性元素是循环于体内的能量"风"(vāta)、放射热量的"火"(pitta)以及流动性的"水"(kapha)。一般认为,这三个生理性元素处于调和状态时,人就是健康的;处于不调和的状态时,人就会生病。第三个元素水的势力压倒其他两个的时候,人被称为水体质。这类体质会妨碍瑜伽所追求的气的流动。因此,水体质的人在学习和实践瑜伽之前,要实施"净化身体的方法",清扫身体内气的通道(2·21)。有一种方法被称为"净胃法",具体的做法是:将宽约7厘米、长约3.5米的布条一点点咬着吞入腹中,之后再把布条取出来(2·23)。训练方法是:

把布浸入放有水的器皿中，然后两手持布，第一日首先吞入2至3厘米，之后每天的吞入量增加2至3厘米。通过腹部的肌肉运动来适当转动胃里收纳的布条，然后再将布条拉出来返回到器皿中。如此一来，咳嗽、气喘、麻风病等因水过剩而产生的疾病就会消失。哈达瑜伽有健康法的一面。但是，这个方法本来是以清洁气的通道为目的的。

被称为"浣肠法"的作法是一种洗肠法。在深约没入肚脐的水中，把竹子插入肛门，下蹲，收紧肛门，把水吸入肠中，然后通过运动腹部肌肉来清洗肠子，之后将水排出。通过这种净化方法，脾脏肥大、水肿等因"身体的三元素"不调而发生的疾病就会消失。"净胃法"和"浣肠法"这两种作法都需要在进食前进行。

"净鼻法"是一种鼻孔净化清洁的方法。把一根绳子从一个鼻孔导入，然后从口腔中导出。两手各持绳子的两端反复抽拉。另一个鼻孔也采用相同的方法进行净化。另外，还有把绳子从一个鼻孔导入从另一个鼻孔导出的方法。据说这种作法可以"清脑"（2·30）。

除此之外，"滚腹法"是一种重要的腹部净化方法。这种方法是两肩向前，弯曲着身子，两脚稍微打开，像画圆一样激烈地运动腹部的肌肉。从外面来看，实践滚腹法的人的腹部，可以左右交互凹陷。据说，这种作法可以增强腹部肌肉的力量，促进消化。

以上这些净化方法，对于不曾实践瑜伽的人来说，也许更像是一种杂技。现在这些实践方法经常被用于表演,这是一件十分遗憾的事情。这些方法与印度医学相结合,传承千年,如果能够在导师的指导下进行,那么作为健康之法有着很大的意义。但是,这些作法无论如何五花八门,终究只是为了进行瑜伽而做的准备工作。

第三节 体式

坐的意义

在结束了以上的准备工作以后,瑜伽行者开始学习行法的第三个阶段——体式(āsana)。"āsana"是从梵语词根"ās",意为"坐"的动词词根发展而来的。这个词在古典瑜伽中可以被译为"坐法",但在哈达瑜伽中,由于不是简单的盘足方法(坐的方法),而是把整个身体的姿态作为重点来看,所以被译为"体式"或者"体位法"。后世发展的体式共有 84 种。其中,以"成就坐""莲花坐""狮子坐""吉祥坐"四种最为重要(1·34)。

1. 成就坐

第一种体式是成就坐,将左脚的脚后跟抵到会阴处(yoni,

即阴囊的后侧），将右脚的脚后跟放在性器官上。此时，下巴伸到胸前，控制感觉器官，凝视眉间（1·35）。很明显，这种体式与古典瑜伽的坐法不同，其目的是刺激性器官。这一点与《格兰达本集》（2·7）和《牛护百颂》（1·11）上的记述是一样的。把脚后跟放在性器官上，并不是用脚的重量来压迫性器官，而是把右脚放在左腿上，处于一种舒适的状态。另外，成就坐不是为了开发人的性能力，反之，对于已经结婚的人来说，不建议长时间使用这种体式。

总之，哈达瑜伽认为身体内有几个能量中心（如会阴和阴茎），通过用脚后跟碰触这个中心或者说这里的气，就能达到刺激的效果。使用成就坐打坐的行者的样态，从整体上来看，是一个顶点在上的正三角形中还套着一个倒三角形。顶点在上的正三角形和顶点在下的倒三角形相组合，被称为"大卫星"[1]。成就坐虽然还不完全，但是形成了它的印的形状。这表示，有着不同性质的两种元素（如男性元素和女性元素）的融合。

顶点在上的正三角形是稳定的，而顶点在下的倒三角形是不稳定的。哈达瑜伽的修炼正是用"气"（生命能量）使这个不稳定的倒三角形的顶点，向着稳定的正三角形的顶点的方向运动。

---

[1] 大卫星（Star of David）：又称六芒星、大卫之星、希伯来之星等，是犹太教和犹太文化的标志。印度教派的六芒星形也被神化为"圣娼"，是怛特罗派的神女。在欧洲和印度许多神话中的创始神都是两性具有者，特点为一个躯体、两个头、四只手臂，表示"紧紧相拥的男女"（即六芒星形的表象化）。

2. 莲花坐

在《哈达瑜伽经》(1·44—49)中有三种莲花坐(padma)体式。

莲花坐(一),把右脚放在左腿上,把左脚放在右腿上,用从后背绕过来的两手抓住两脚的大拇指,下巴伸到心脏的位置,双眼凝视鼻尖,这种体式被称为"束缚莲花坐"。这种体式需要长时间的训练才能够做到。在古典瑜伽中,没有这种充满束缚感的体式。这里,"息""被压制住了"。在这种充满束缚感的体式中,也存在与成就坐一样的大卫星,其中,顶点在下的倒三角形尤其明显,整个姿势的不稳定性增加了,整个体式的重心比成就坐更低。这是通过束缚防止气向下方流动,把气往上提升的姿势。

莲花坐(二),把脚的内侧向上,两脚交叉放在腿上,两手掌心向上重合在交叉的脚踝上,两眼凝视鼻尖,舌尖抵在门牙根上,下巴伸到胸部。这个姿势与古典瑜伽中采用的姿势相近,类似于阿弥陀佛结定印时的姿势。另外,它也很注重通过收紧肛门来向上提气。

莲花坐(三),与莲花坐(二)相似,只是为了做出更加稳固的体式,增强了束缚。这种束缚是为了控制身体内气的流动所做的准备工作。这种体式的目的是使"出息"(apāna)(从脚到肚脐之间起作用)和"入息"(prāṇa)(从鼻尖到心脏之间起作用）的这两种气合流[1]。通过两种气的合流，沉睡在瑜伽行者身体内的"力量"（Śakti，夏克提）[2]就会被唤醒。哈达瑜伽所追求的目标就是启动这股"力量"，进而支配这股"力量"。

3. 狮子坐

第三种体式是狮子坐（Siṃha），把左右脚踝放在肛门下方，把手掌分别放在两侧的膝盖上，打开手指，大大地张开口，把舌头伸出，两眼凝视鼻尖（1·50—51）。因为两手放在膝盖上，口张开的样子很像狮子，所以命名为狮子坐。实践该体式是使用口呼气的，这种体式的效果是刺激脊柱底部的能量中心。

4. 吉祥坐

第四种体式是吉祥坐，把两脚踝放在阴囊下，贴近会阴处的两侧，两脚内侧结合在一起，两手紧紧抓住脚趾。这种体式与第三种体式的情况相同，是为了刺激脊柱底部的能量中心。在这个能量中心沉睡着蛇形的女神（Śakti，夏克提），通过瑜伽刺激这里的时候，这个女神就会从倒三角形的顶点向上运动。哈达瑜伽的根本，就是向上引出这位女神。如此一来，气也会

---

[1] 在印度医学与瑜伽中，气（prāṇa）又译为风或音译作般纳等，阿育吠陀将气分成五种，它们是气息的五种作用：入息（prāṇa），又译为命根气，负责心跳与呼吸，通过呼吸进入身体，再循环至全身；出息（apāna），又译为下行气，由肺及排泄系统将废物排放出去；上息（udāna），又译为上行气，形成声音；均等息（samāna），又译为平行气，负责消化系统；周遍息（vyāna），又译为遍行气，循行全身。

[2] 夏克提（Śakti）：又译沙克蒂、沙克提、铄乞底等，意为有力量、性力或是给予力量。

往上升，融入梵的光辉之中。

与古典瑜伽相同，即使在哈达瑜伽中体式也只是瑜伽的初期阶段。在习得各种体式之后，瑜伽行者必须通过调息和契印（印相）来控制气。

调息和契印这两种行法很复杂，为了理解这两种行法，我们必须了解哈达瑜伽体系所思考出来的几个配置。这几个配置的核心是想象层面上的身体，被称为"精身"。

第四节　五大元素与精身

一、身体的象征图形

《哈达瑜伽经》中，体式的说明结束之后，开始进入哈达瑜伽的实质性行法，即调息与契印的说明。为了更好地理解这些行法，我们必须先了解一下哈达瑜伽特有的几种象征。这是因为，哈达瑜伽的行法要通过这些象征发挥作用，促进气的提升，最终实现与梵（在此等同为湿婆）合二为一而达到解脱（追求精神的至福）的目的。哈达瑜伽的象征主要由两类构成：一类是对瑜伽行者来说的直接对象——身体的象征，另一类是宇宙的象征。

我们首先来看一下身体的象征。身体的机械配置是十分复杂的，哈达瑜伽的行者与古典瑜伽的行者一样，都试图控制心的作用。他们试图通过一个模型，来理解复杂的身体配置。哈达瑜伽把现实的身体称为"粗身"，为了理解身体所思考出的身体模型则被称为"精身"。虽然瑜伽的各种各样的操作是在现实的身体上发挥作用，然后在活生生的身体上发生结果，但瑜伽行者应该进行的各种各样的行法也会在精身这张图上被表示出来。也就是说，在这个"身体"上描绘了瑜伽过程中的能量运行图。瑜伽行者按照精身上所表示出来的"航海图"来持续航行。

精身是不可见的，实际上就连触摸都是不可能的。但是，它却有着自己的形状和大小。也就是说，虽然精身与我们的身体有着相同的形状和大小，但是肉眼看不到，也无法触摸。

二、身体和五大元素

世界是由地、水、火、风、空五大元素构成的，这是印度自古以来的一般性理解。哈达瑜伽认为身体也是由这五大元素相对应而构成的。从脚到膝盖的部分对应"地"，从膝盖到肛门的部分对应"水"，从肛门到心脏的部分对应"火"，从心脏到眉间的部分对应"风"，从眉间到头顶的部分对应"空"。

地、水、火、风、空的顺序，也表示各个元素轻重的顺序。也就是说，地最重，而其上方存在的水比地轻，最上方存在的空是最轻的。如此一来，越往下越重，这样的配置给人一种稳定的感觉。五大元素各有自己的象征图形，地由四角形象征，水由月牙形象征，火由三角形（分为顶点在上和顶点在下两种）象征，风由大卫星（六芒星）象征，空由圆形象征。因此，哈达瑜伽行者的身体模型是由四角形、月牙形、三角形、大卫星、圆形，自下而上堆积而成的，这就是精身的初期构造模型。

瑜伽行者的身体模型是坐姿。这是因为，对瑜伽行者而言，身体能量循环运行的宇宙就是打坐的身体。由地、水、火、风、空五大元素构成的身体模型，可以在身体中脉（气道）和各个能量元（轮）以及流经此处的气这一系统中进行转换。

三、气

能量在精身的脉络和"轮"中流动，这个能量被称为气（prāṇa）。"prāṇa"的意思是呼吸，呼吸与生命有着密切的关系。"prāṇin"，也就是"有气的东西"，意为生物或者有情，而"prāṇa"这一用语的复数就是生命的意思。与古典瑜伽一样，在哈达瑜伽中，气的作用是很重要的。精身是气，也是生命能量的循环系统。这个生命能量的根源存在于人体的根基部位，即由"地"所构成的部分。这个能量向着身体上方活动，最后到达头顶，就会实现解脱（精神的至福）。

在古典瑜伽中，为了止灭心的作用，有抑制气活动的倾向，但在哈达瑜伽中，气的流动是十分重要的。哈达瑜伽修炼的大部分内容都是以促进气的循环（气行）为目的的。气在精身所有的气脉（气道）中四处游走。所以，为了实现理想的气行，就必须知道气脉的结构。

四、脉

印度人自古就具备解剖学的知识。编纂吠陀的雅利安人，原本是畜牧民族，在基于吠陀的祭祀仪式上，动物献祭是重要的内容。直到今日，印度教中仍然存在动物献祭的行为，甚至19世纪前还存在人身献祭。在某奥义书中，详细记载了胎儿的发育过程。也就是说，印度人自古就知晓人身的生物学构造。因此，他们不可能把作为气的通道的"脉"（Nādi）认为是循环系统、消化系统或者神经系统中的"管"（如血管、食道、神经）。精身中的脉是指身体中缠绕的所有复数管的抽象化。

一般来说，脉有七万两千根。如此之多的数量也许是为了思考与"粗大的身体"（现实的身体）的厚度完全重叠的精身。在如此之多的脉中，哈达瑜伽认为重要的是上下贯穿身体中央的中脉和中脉左侧的左脉、中脉右侧的右脉。左脉是略带白的黄色，表示女性；右脉是红色，表示男性；中脉是钻石色的，表示中性。

中脉与其他二脉的位置关系，并非是以中脉为中心，左脉和右脉平行游走于左右。左脉从左侧鼻孔开始，右脉从右侧鼻孔开始，两者在中脉上有多次交叉。

第五节　脉轮

一、脉轮的位置

沿着精身的中脉，存在着多个"脉轮"[1]。所谓脉轮是圆盘的意思。可以想象为细长的脉络缠绕成的一个圆盘。这个圆盘就是集结了生命能量的"能量中心"。但是，由于细长的脉络缠绕在一起，流经中脉的气就会不通畅。因此，瑜伽的目的是缓解这个"圆盘"的紧张，使中脉的气畅通无阻。

一般来说，共有六种脉轮，自下而上存在于对应尾骨、生

---

[1] 脉轮（cakra）：在印度瑜伽中指分布于人体各部位的能量中枢，尤其是从尾骨到头顶排列于身体中轴者。脉轮主要是由中脉、左脉及右脉缠绕所形成。印度哲学认为脉轮存在于身体中，同时掌管身心运作，在身体方面与身体的各器官功能有关，在心理方面则对人的情感及精神都有影响。脉轮与色彩有密切的关系，由下而上分别对应彩虹的七种色彩及白色，并衍生出色彩疗法。

殖器、肚脐、心脏、喉、眉间的位置，当然这里说的这些位置都是指精身。下面按照《六种脉轮解说》来说明脉轮。

构成精身的五大元素的性质正是由这些脉轮所反映。也就是说，控制从脚到膝盖部分的"地"元素的性质由精身的背部根基处的脉轮反映出来，控制从膝盖到肛门部分的"水"要素的性质由生殖器处的脉轮反映出来，"火"要素的性质由肚脐处的脉轮反映出来，"风"要素的性质由心脏处的脉轮反映出来，"空"要素的性质由喉咙处的脉轮反映出来，而第六种脉轮是超过这五大元素的。

这样，进行瑜伽时，由五大元素构成的精身就会转变为以瑜伽行者的脊柱（即精身的中脉）为中心的精身。瑜伽行法演习的实际舞台是排列在中脉上下的脉轮。

二、第一脉轮

最下部的脉轮被称为"海底轮"（mūlādhāra cakra）。梵语"mūlam"有"根""本源"等意思，"ādhāra"意为"支持"。这个脉轮是精身的根。

每一个脉轮都有其各自确定的象征形象。海底轮的象征形象为有四片花瓣的莲花，且莲花中间有象征着地元素的四方形。根据卡尔·古斯塔夫·荣格（Carl Gustav Jung, 1875—1961）[1]的

---

[1] 卡尔·古斯塔夫·荣格：瑞士心理学家、精神科医师，分析心理学的创始者。主要著作有《潜意识心理学》（1912年）、《心理类型学》（1921年）、《分析心理学的贡献》（1928年）、《回忆、梦、反思》（1965年）、《答约伯》等。

见解，这种脉轮表示我们的原欲。四方形中的"大象"象征着这种原欲[1]。

在大象的上面，有一个顶点在下的倒三角形。因为它表示了女性的性器官，所以意指"世界"的根源存在于这里。在这个三角形中有一个"林伽"[2]，在林伽的底部盘绕着一条蛇。这条蛇就是被称为"昆达里尼"[3]的女神（夏克提）。

以林伽的形式表现出来的湿婆神仍然处在苞芽的状态，在这个状态里，作为湿婆神的力量（夏克提）的女神昆达里尼还在沉睡。开始瑜伽行法时，第一个脉轮就是这种状态。开口朝下的中脉从这里开始向上。

哈达瑜伽行者，如果把以蛇形沉睡的女神作为修行目标的话，就必须通过每天的训练，让女神沿中脉向上慢慢攀升。女神在自己的身体中逐渐打通各个环节，最终到达头顶。女神昆达里尼作为打通气脉的工具发挥了作用。同时，在哈达瑜伽的最后阶段，女神昆达里尼也是与男性元素合二为一的女性元素

---

1 原欲（libido）：早期音译为力比多，该术语由西格蒙德·弗洛伊德提出。欲力是身体内部的兴奋状态的本能，是欲念、动机的来源或力量，指一切源自本我的欲望，常指性欲。荣格认为原欲不仅仅是性冲动，而且也是生命心灵中的一种类似气的力量，除表现在生长及生殖方面外，也表现于其他活动。

2 林伽（liṅgaṃ）：在梵语里是"标志"的意思，象征古印度吠陀宗教、印度教神祇湿婆，是寺庙里膜拜湿婆的标志。

3 昆达里尼（kuṇḍalinī）：又译为军荼利、灵量、拙火，梵文原意是卷曲。印度瑜伽认为其为有形的生命力，是性力的来源，蜷曲在人类的脊椎骨尾端的位置。古代印度常以女神或是沉睡的蛇来象征昆达里尼。印度瑜伽修行者认为，通过修炼瑜伽，可以唤醒沉睡在身体中的昆达里尼，使它通过中脉，最终到达"梵我合一"的境界。昆达里尼被认为位于海底轮的位置，身体的右脉与左脉将气传送至海底轮，两者力量相结合，形成昆达里尼，昆达里尼的能量则进入中脉，往上到达顶轮。

本身。

海底轮的四方形的右上方，可以看到因陀罗[1]神及其妃子。精身中的每一个脉轮也是印度诸神的宝座。位于最下方的第一脉轮海底轮是因陀罗神的宝座。印度因陀罗神起源虽早，但是在印度教中并没有什么势力，后被佛教吸收，成为帝释天。

三、花瓣的文字

第一脉轮海底轮呈莲花的姿态，共有四个花瓣，每个花瓣上分别刻有梵文字母，即"va""ṣa（不是反舌音）""ṣa（反舌音的一种）""sa"。梵文字母约有50个，这些字母分别出现在精身中的六种脉轮的莲花花瓣上。

一般来说，梵语字母的排序是从母音"a"开始的，经过辅音"ka"，以辅音"ha"结束。第一脉轮海底轮的花瓣上的四个字母，属于这个排序的终了部分。脉轮花瓣上的字母，随着向第二、第三脉轮攀升，会越来越靠近排序起始的梵文字母。也就是说，会越来越接近母音。在第五脉轮的花瓣上刻有母音。但是，在第六脉轮的花瓣上却出现了字母排序最后的"ha"和"kṣa"。在这里，字母不断上升的趋势也突然变为下降。另外，在第六脉轮上方的（第七轮"顶轮"）"sahasrāra"（千瓣莲花）上，

---

[1] 因陀罗（Indra）：又名帝释天（Śakra），印度教神明，吠陀经典中所载众神之首。本是古印度人共同尊奉的神明，在《梨俱吠陀》中是出现最多的神之一，出现次数仅次于阿耆尼，曾一度是诸神的领袖、雷神、战神和空界的主宰，他的妻子在《梨俱吠陀》中称为舍脂。

所有的文字会反反复复出现24次。

如此一来，脉轮的花瓣上的梵文字母成为瑜伽实践的深入象征，同时也象征着位于终点的身体（小宇宙）和大宇宙的相同性，以及"神圣"与"世俗"的同化。

四、第二脉轮

为了使修行瑜伽所追求的女神昆达里尼在精身中逐渐攀升，就需要打开第二脉轮"生殖轮"（svādhiṣṭhāna cakra）。生殖轮是指"自己的状态""本质"，象征五大中的水元素。

第二脉轮生殖轮位于生殖器的位置，形状是有六个花瓣的白莲花。与第一脉轮海底轮的情况相同，第二脉轮的莲花花瓣上刻着从"ba"到"la"的梵文字母。第二脉轮中央刻着水神"瓦尔纳"（Varṇa）名字的起始字母"va"，但实际上表示的是"vaṁ"。在相当于种子字真言"va"的"ṁ"上的这个小圆点中，可以看到乘着迦楼罗鸟（Garuḍa）的毗湿奴神，毗湿奴神的左侧（从对立面来看是右侧）是他的妃子。在印度，右侧为上座，所以一般来说，绘图的时候，把丈夫放在右侧，把妻子放在左侧（从对立面来看是右侧）。

象征着第二脉轮的月牙图形包围着中央的种子字真言"vaṁ"，月牙中间有一个印度神话中的海兽摩伽罗[1]。在印度神话

---

[1] 摩伽罗（Makara）：玄奘在《大唐西域记》中译为摩竭，是印度神话中的海兽，恒河女神及伐楼那的坐骑，亦是印度教中代表爱与欲望的神祇伽摩的标志。

中，水和月之间有着很深的关系。月神在夜间遨游宇宙，每一次都会更新、丰富水源，而这些水又会滋养树木。这种脉轮的颜色是白色的。

第二脉轮生殖轮相当于瑜伽行法中的入信仪礼（入门仪礼）。所谓入信仪礼，是在某个集团有新成员加入时举行的仪礼。在这个仪礼过程中，水常常作为重要的元素发挥自己的作用。佛教或者印度教的灌顶（入信仪礼）是把水灌在头顶上。水具有净化的力量。到达第二脉轮的气，如果想继续下一个旅程，就必须先净化自己。通过水的净化，使自己获得新的资格，才能够进入第三乃至以后的脉轮中。

第一脉轮表示的是日常的意识世界。按照荣格的见解，第二脉轮表示的是海兽摩伽罗所居住的大海（无意识的领域）。水可以吞噬一切，将自己没入这种深渊中。我们意识活动之下的无意识世界，就如同沉在海面之下的冰山，虽然看不到，但是确实存在。我们日常的意识活动，实际上受到日积月累的无意识（惯性）的影响。

瑜伽行者仅仅控制日常性的意识是远远不够的，他们还必须控制还未升华为意识的无意识世界。女神昆达里尼通过第二脉轮生殖轮的过程，就包含着这样的意义。

五、第三脉轮

第三脉轮"脐轮"（Maṇipūra cakra，太阳神经丛[1]）位于肚脐附近（上腹部丛），形状是有十个花瓣的蓝色莲花。十个花瓣上分别刻有从"da"到"pha"的十个梵文字母。莲花的中央有一个红色的三角形，三角形上面的毁灭之神（湿婆的一种化身）坐在公牛南迪[2]身上，左侧的是妃子拉基尼（Lakini），颜色是蓝色。

第三脉轮脐轮有着火元素的性质，红色三角形就是火的形状。一般认为，这个三角形的顶点原本是在上的（这样就更像是火焰的样子了），但现在是通过顶点在下的倒三角形（象征着女性元素）来表现的。这个三角形中的"ra"代表了太阳"ravi"的起始梵文字母。太阳是由火元素构成的，火也是光。

通过了第二脉轮的水的净化，完成入信仪礼后，就会出现太阳。也就是从"海"底苏醒后，就会进入新生。荣格认为，接受入信仪礼后，就会接近光。这一点在古埃及的伊西斯[3]神秘仪礼和天主教仪礼中也可以看到。

但火也是地狱之火，这意味着瑜伽行者完成入信仪礼之后

---

[1] 太阳神经丛（Maṇipūra）：是印度教传统的第三个主要脉轮。位于肚脐的区域，有十片花瓣，对应精神上的无知、渴望、妒忌、背叛、羞耻、恐惧、厌恶、妄想、愚昧与悲伤等心念，与动力、能量以及意志力有关，也和火能量与消化有关。据说太阳神经丛会将气送往身体其他部分。

[2] 南迪（Nandin）：印度教体系中湿婆的坐骑，是象征欢喜的神祇。

[3] 伊西斯：是古埃及宗教信仰中的一位女神，作为王位的化身，她是法老王权的重要体现，对她的崇拜遍及整个希腊-罗马世界。伊西斯被视为理想的母亲和妻子、自然和魔法的守护神。

要接受的试炼。从水中出来之后，要在现在的"热"中重塑自己，使女神昆达里尼通过第三脉轮脐轮并非易事。通过这一试炼的瑜伽行者首次被同化成"神圣"。也就是说，从此瑜伽行者就踏入了与第一、第二脉轮截然不同的发生了质变的新领域。

六、第四脉轮

第四脉轮是"心轮"（anāhata cakra）。梵语"anāhata"意为"两个东西没有接触就生出来的声音"。第四脉轮心轮位于心脏的位置，形状是红色莲花，有十二片金色花瓣。花瓣上刻着从"ka"到"tha"的十二个梵文字母。"anāhata"中有烟色的大卫星，在大卫星中央，金色的三角形包围着闪闪发光的林伽。

第四脉轮心轮代表了风元素，在大卫星的内部包围着倒三角形，底部的黑羚羊背着风元素的种子字真言"ya"。奔跑迅速的羚羊承载着风的种子，这种表现手法是十分恰当的。

印度教的万神庙（Pantheon，诸神体系）配置着各种各样的脉轮。在这个万神庙里，第四脉轮心轮是湿婆神的化身之一的"Īśvara"（自在怙主）的居所。在种子字真言"ya"的右上方可以看到该神及其妃子。

风是"灵"（spirit），灵的原意是"喘息"（"息"）。自古以来，第四脉轮心轮的位置心脏就被认为是"我"（ātman）的宝座。梵语中的"ātman"一词是从意为"喘息"的动词中被创造出来的。

在第三脉轮获得的"神圣"体验，会在第四脉轮中得到深化。瑜伽行者在"ātman"的宝座上将与显现的"神圣"邂逅。在第三脉轮还不明了的"神圣"，会在这个脉轮（第四脉轮心轮）中显现自己的姿态，尽管这个姿态尚处于苞芽阶段。位于第四脉轮中心的倒三角形中有一个小小的火焰。根据荣格所说，这个小小的火焰就是"神圣"的"我"（ātman）显现之后的姿态。

对于攀升到此处的女神昆达里尼（或者说行者自己）来说，下一个目标就是进入刻有梵文母音花瓣的脉轮。

七、第五脉轮

第五脉轮"喉轮"（viśuddha cakra，清净的脉轮）位于喉咙的位置（即脊椎和延髓[1]的结合部的喉头处以及喉头处的丛），形状是有16个花瓣的暗紫色莲花。花瓣上刻着梵语中的16个母音字母（严格来说，是14个母音、随韵[2]和止韵（visarga，与"hi"或"ha"音类似）[3]。在莲花的中央有一个倒三角形，倒三角形中有一个包着大象的圆形，在这个大象的上面承载着种子

---

[1] 延髓：也叫延脑，居于脑的最下部，与脊髓相连，其主要功能为控制呼吸、心跳、消化等。延髓向下经枕骨大孔联结脊髓，随着脑各部的发育，胚胎时期的神经管就在脑的各部内部形成一个连续的脑室系统，是心血管的基本中枢，在延髓以上的脑干部分以及小脑和大脑中，都存在与心血管活动有关的神经元。

[2] 随韵（anusvāra）：是用于各种印度语言中的表示鼻音化的一种变音符号。

[3] 止韵（visarga）：意为发出、泻出，在梵语音韵学中是一个音素的名字，写为"ḥ"，是常见的后缀。

字真言"haṁ"。

第五脉轮喉轮与第五个元素空有关系，就如同第一脉轮与固体的地有关系，第二脉轮与液体的水有关系，第三脉轮与火焰状的火有关系，第四脉轮与气体状的风有关系。作为"五大"中的空，在注重自然哲学的胜论派中是指空间，但在瑜伽哲学中一般是指以太。这样，从第一脉轮向上慢慢攀升的各个元素，按照越来越轻的顺序排列起来，到了第五脉轮，就与没有重量、形态和运动的元素关联在一起了。这表示，瑜伽行者的心态随着修炼的层级不同而不断地升华。因此，第五脉轮又被称为"清净的脉轮"。但这个清净且轻的元素（以太），在修炼瑜伽的过程中包含着气所经过的"地""水""火""风"这些元素。这是因为，气把这些元素最轻化了，这也是气要承担的机能作用。

第五脉轮喉轮的象征是矗立于倒三角形上的萨德西瓦神（Sadasiva），也称五面湿婆（Pancanana）。该神是半身男性半身女性的形象，在这里体现了男性代表的湿婆神和女性代表的昆达里尼神的融合。

第一脉轮中的男性代表湿婆神（显示为林伽的形态）还没有达到能够发挥其力量的程度，而女性代表的昆达里尼也还以蛇的形态在沉睡。经过了第二、第三脉轮的昆达里尼，在第四脉轮中会见到神圣的显现。

在第五脉轮喉轮中，这一神圣表现为男性代表与女性代表的元素相融合。女性代表的元素（夏克提）有力量的意思，所

第四章　哈达瑜伽行法

以这里是指男性元素的力量。因此，只有融合了女性元素的男性元素才可以发挥出其完全的机能。

八、第六脉轮

第六脉轮"眉心轮"（ājñā cakra）位于眉间（海绵状的交感神经丛）。梵语"ājñā"的意思是命令，特别是指导师的命令。在该脉轮中，导师的命令是如何下达的，这一点还不能明确。

第六脉轮眉心轮的形状是有两片花瓣的白莲花，两片花瓣分别刻着"ha"和"kṣa"。在莲花图形中有一个倒三角形，在倒三角形中有一个被称为"其他东西"的林伽。这个林伽正是最高神本初湿婆（Parama Śiva）的权化。该脉轮的种子字真言是梵语"oṁ"，这里没有承载这一种子字真言的动物。

印度人认为，所有的东西都是从"oṁ"中产生的，且所有的东西也终将返回这个种子字中。之前的所有脉轮都有一个象征着五大元素的种子字真言，而在这里出现的是寓意宇宙的种子字真言"oṁ"。与该脉轮相关联的元素，超出了前面所论述的五大元素，被称为"mahat"（大）。在概观数论派哲学的时候讲到，"mahat"是宇宙的根本物质为形成显现的世界而启动的最初期的形态。另外，该脉轮是认识器官，与"意识"（Manas）相关。意以五大元素为对象，存在于与五大元素不同的次元。

从第一脉轮攀升到第五脉轮，花瓣的数量不断增加。这表示从脉轮的中心放射出来的能量的波动，随着不断向上方的脉轮攀升，变得越来越强烈。但是，第六脉轮却只有两片花瓣。英国的瑜伽行者查尔斯·韦伯斯特·李德彼特（1854—1934年）[1]在其著作《脉轮》[2]中解释道，这两片花瓣实际上是96片花瓣在脉轮内旋转重叠后的样子。根据这一解释，我们可以知道，这个脉轮中能量运动的激烈程度是前所未有的。倘若考虑到之后的"顶轮"（sahasrāra cakra）这一名称，我们就会理解这种解释是正确的。

九、顶轮

位于头顶的第七脉轮被称为"顶轮"（具有千束光芒的东西），形状是有千片花瓣的莲花。第七脉轮顶轮里呈现出的不是花瓣，而是光，承载其种子字真言的也不是动物、林伽或者其他形象。第七脉轮已经超过了第六脉轮为止所获得的五感的状态，成为超越根本物质"mahat"（大）的状态（梵我一如）。

第七脉轮顶轮位于头顶，这个头顶被称为梵座。严格来说，头顶不是头的顶部，而应该是头顶之上。也就是说，这里所说的光，是围绕在瑜伽行者身上，而不是瑜伽行者的头顶自己闪闪发光。因此，印度人会把第七脉轮顶轮画在距离瑜伽行者头

---

[1] 查尔斯·韦伯斯特·李德彼特（Charles Webster Leadbeater）：是神智学协会（Theosophical Society）的成员。
[2] 《脉轮》（The Chakras），查尔斯·韦伯斯特·李德彼特著，美国伊利诺伊州惠顿，神学出版社，1927年。

顶稍微往上一点的地方，而不是画在瑜伽行者的头顶上。

从这层意义上讲，第七脉轮顶轮与瑜伽行者身体内部的六个脉轮不同，也许正是这个原因，所以第七脉轮顶轮常常不被称作是脉轮。位于头顶（或者说头顶之上）的光的聚集就是瑜伽行者的气最终运行的目的地，气脉的能量与梵的能量可以同化。

以上所论述的进行哈达瑜伽行法的精身，既是一个瑜伽行者的身体，也是一个宇宙。因为修行瑜伽，精身成为感知瑜伽行者（小宇宙）与大宇宙之间同一性的媒介。为了理解这个媒介的机械配置，我们不仅要了解哈达瑜伽中身体的象征意义，还要了解宇宙的象征意义。

第六节　调息

一、气的运动和心的运动

上述介绍的精身，特别是脉轮，都是为我们论述调息所做的理论性准备。哈达瑜伽与古典瑜伽一样，在体式之后要进行调息的修炼。哈达瑜伽比古典瑜伽更加注重体式。这是因为，在古典瑜伽中为了控制（止灭）心的作用，需要静气；而在哈达瑜伽中，必须要集中气，重塑细而强的流动体。为了做到这一点，仅仅放松身体是不充分的，还必须通过束缚身体（精身）的几个重要部位，来增大气的量。当然，哈达瑜伽的理论基础与古典瑜伽一样，都是为了控制心的作用。在《哈达瑜伽经》（2·2）中，对心与气的关系做了如下介绍：

气运动的同时，心也在运动。气不运动，心也不运动。瑜伽行者必须获得不运动的心。所以，应该终止气的运动。

据说精身中有七万两千根气道（脉）。实际上，气道的整体就是精身。一般来说（瑜伽行者之外的情况），"prāṇa"（气）微弱地、散漫地在这些气道中运动。如果能够控制这个气的流动，那么，就可以终止心的运动。

"'气'在中脉中流动的时候，'心'的运动就会停止。"（2·42）

于一般人而言，气不会在中脉中流动。中脉中堵满了污垢，只要不清扫，就不可能有气的流通。前述对鼻腔和肠子的清扫就是清除气道中的污垢作业的一部分。同样，对一般人来说，作为能量中心的脉轮也会阻碍中脉内的气的流动。因此，为了使气能够在中脉中畅通无阻，就必须集中气，使气变得如针一样强大而锋利。

二、月的气道与日的气道

气虽然与息不同，但两者之间的关系颇为密切。在哈达瑜伽中，通过息（呼吸）的作业来集中气。这是因为，通过集中精神和有规律的呼吸，可以按照自己的意志把气集中在某一个地方。在中脉的左侧有月的气道——左脉，右侧有日的气道——右脉，这一点在之前已经提及。

月的气道与左侧鼻孔相通，日的气道与右侧鼻孔相通。行者通过月的气道把作为宇宙能量的气导入体内，并根据自己的体力，保持气在体内一段时间，然后再通过日的气道把气排出。下一步就是，从日的气道导入气，然后从月的气道排出（2·7—8）。也就是说，行者先从一个鼻孔吸息，在体内短暂保存息之后，再从另一个鼻孔排息，之后再交替反复进行。这里提及的保存息被称为"保息"（kumbhaka，哈达瑜伽的一种呼吸方法），是哈达瑜伽调息的根本。

《哈达瑜伽经》共说明了八种呼吸方法，其中有慢慢出息和入息的情况；也有把舌头放在两唇之间发出"xi"音，同时吸息的情况；还有如同拉动冶炼金属时用的风扇似的激烈地出息和入息的情况。虽然呼吸法多种多样，但都是使用月的气道和日的气道，把新鲜的气吸入体内，在体内保持一段时间，然后排出。

通过这种正确且有规则的息的循环，体内渐渐充满了气。通过保息使气集中起来，一旦获得了力量，就可以使蛇形的女神昆达里尼觉醒。"蛇"一旦觉醒，实际上的调教工作需要在下一个阶段"契印"（印相）进行。

第七节 契印

一、令昆达里尼觉醒的东西

《哈达瑜伽经》中说明了调息之后,开始说明契印(mudras)。梵语"mudras"原来是印、图章的意思,但在进入怛特罗(Tantras)密教时代之后,变成了手的印相的意思。阿弥陀佛把两手掌放在一起,并把两个大拇指的指尖合在一起的印,称为"定印",表示进入禅定的样态,这个印成了代表该佛是阿弥陀佛的一个标志。每个佛都有自己的契印。

契印不仅仅是诸佛手的印相,进行密教仪礼的人也作契印。在后期的怛特罗密教中,契印一词出现了特殊的意思,即"大印契",意为终极的真谛。这样,在怛特罗密教的历史中,契印一词被赋予了各种各样的意思。但是,在哈达瑜伽中,契印的意思是身体的印相（进行瑜伽之时的最终姿态）。瑜伽行者根据既定的体式打坐，根据调息法在体内充满气，通过契印使沉睡在中脉入口处的女神昆达里尼苏醒。《哈达瑜伽经》把契印放在瑜伽行法中很高的位置。

体式、调息以及契印常常很难区分，这是因为在哈达瑜伽中，在进行体式的同时也要进行气的调整，通过调息才可以使女神昆达里尼觉醒。在格兰达执笔的哈达瑜伽解说书《格兰达本集》一书的第三章讲述了契印，第四章讲述了制感法，第五章则讲述了调息，与《哈达瑜伽经》相比，这里的契印和调息的内容有一些不同。

二、十种技术

值得关注的重点是，契印才是能够使女神昆达里尼觉醒的技术。《哈达瑜伽经》（3·6—7）中一共列举了十种契印。我们来看一下第一种"大印"，与佛教中的怛特罗密教的"大印"的名字相同。除此之外，其他的契印也非常相似。

> 把左脚的后脚跟压在会阴处，把右脚伸开，并用两手握住右脚。在喉咙处勒紧，向上提气。如此一来，就像被鞭子鞭打的蛇突然直立起来一样，被称为昆达里尼的力量（夏克提）也会迅速直立起来。

虽然这里讲述的体式与我们之前考察的体式不同，但是也存在采用"siddha"（成就坐）的契印。

据说，用自己的脸堵住中脉入口，沉睡的女神昆达里尼一旦觉醒，冲击就会贯穿瑜伽行者的身体。但是，这个冲击并不是女神在气道中攀升的证明。瑜伽行者"每天让蛇（昆达里尼）运动一个半小时左右，四十天之后"（3·116—120），"蛇"就能攀升到最上方的脉轮。由力量权化的女神到达头顶的顶轮时，瑜伽行者就可以获得其追求的解脱（至福）。

第八节　哈达瑜伽之三摩地

一、"我"与"意"的合二为一

《哈达瑜伽经》最后的第四章，讲述了胜王瑜伽。如前所述，胜王瑜伽是指《瑜伽经》系统中的瑜伽。《哈达瑜伽经》其实也属于自帕坦伽利以来的传统，但哈达瑜伽的行法和思想与古典瑜伽有着很大的不同，这一点是很确定的。从哲学的视角来看，古典瑜伽以数论派哲学为理论基础。与之相比，哈达瑜伽接近于吠檀多哲学。这是两者之间最大的区别。《哈达瑜伽经》（4·7）中这样记述了三摩地的状态：

> 所谓三摩地，就像盐与水融为一体一样，是 ātman（真我）和 manas（意）的合二为一的状态。

这种情况下的"我"指的是原本与宇宙"我""梵"无二的"真的自我"（真我）。根据吠檀多哲学，独一无二的"我"是真实存在的，它是心性的东西、喜悦的东西。我们的世界正是因为"我"所具有的幻影力才出现的，不是真实存在的。在知道了"我"之后，作为幻影的世界就融入唯一的实在之中。这个时候，"我"就与"梵"合二为一了。另外，在《哈达瑜伽经》（4·7）中，这样记述了这种合二为一的状态：

> "个我"（ātman）与"最高我"（Parama ātman）两者均一，合二为一，所有的观念都消失的状态，被称为三摩地。

"个我"与"宇宙我"原有的同一性，是佛教成立以前印度精神从《奥义书》圣典时代保持下来的传统。后世，吠檀多学派是印度教诸学派之中特别追求"个我"与"宇宙我"合二为一的学派。在《哈达瑜伽经》（4·56）中，吠檀多的哲学家经常引用比喻来说明三摩地的状态。

> 当进入三摩地的时候，就像在虚空中的瓶子里一样，行者的内外都是空的。同时，又像海中的瓶子一样，行者的内外又都是满的。

二、神圣的宇宙

一般而言，在我们眼前无限延伸的现象世界中，"个我"都是缠绕着容易变化的人的躯体，"宇宙我"统括了宇宙的一切。如果是这样，那么这两者是同一的东西，是否可信？如果能够感知这两者的自我同一性的话，那么，我们需要通过什么样的方法来感知呢？

吠檀多哲学以及受其影响的哈达瑜伽所采用的方法，是通过考察"个我"（小宇宙）和"宇宙我"（大宇宙）的相同性来直观这种同一性。精身就是为了进行这一考察所做的理论性准备。

印度人认为，每个人的身体都可以看到宇宙。他们还认为，存在于宇宙（世界）之外且能够创造宇宙的神是存在的。对印度人来说，宇宙整体就是神。宇宙有其构造，是一个整体，并且是神圣的东西。"个我"或者"个体"是宇宙的一部分，是世俗的东西。虽然，部分包含于整体之中是理所当然的，但是对于印度人来说，在部分之中找到整体，也是一种常识。

三、须弥山顶的甘霖

如前所述，瑜伽行者身体的各个部分都对应着五大元素（地、水、火、风、空）的特质。五大元素是世界的物理性基础，印度人在这个基础之上思考作为"世界轴"（Axis Mundi）的须弥山。据说，这个山的原型就是冈底斯山（冈仁波齐）。

《哈达瑜伽经》(3·52)中把须弥山看作背骨,据说在须弥山的山顶上,有一个藏有可食用一天分量的"甘露"的洞穴。这里是大大小小的河流(即气道)汇聚的地方(3·53)。左脉被喻为恒河,右脉被喻为亚穆纳河(Yamuna River)(3·109)。另外,左脉被称为月的气道,右脉被称为日的气道,这两个气道与日月的象征意义相结合。

《哈达瑜伽经》把瑜伽行者的身体看作宇宙,但在瑜伽行者的身体里找到宇宙的方法,可以在《希瓦本集》(*Siva Samhita*)中看到。《希瓦本集》受到了吠檀多哲学的影响。

> 在身体里有一座被七个岛屿包围的须弥山,还有河流、大海、山脉、田地、领主。
> 另外,还有仙人和圣者,还有所有的星辰和行星。还可以看到巡礼的灵场、神殿、神殿的殿主(诸神)。
> 作为创造者的月和作为破坏者的日正在运行,另外,空、风、火、水、地也是存在的。

四、月和日的位置

围绕着须弥山(背骨)的岛屿是指"轮",中脉相当于与天国相通的萨拉斯瓦蒂河[1]。月是分泌甘露的生命源泉,被称为创造

---

[1] 萨拉斯瓦蒂河(Sárasvatī Nadī):又称娑罗室伐底河,是出现在《梨俱吠陀》描述中的一条河流,位于印度西北。据近代学者考证,此河于公元前3000年至公元前2000年就已经完全枯竭,现今仅存遗址,可能是印度河支流。

者，而日会把生命之水一饮而尽。当月产生的液体消失时，人就会死亡。

关于月和日的位置，有很多的说法。一般认为，月位于软口盖的上方，或者两个乳房连接处的中央，日位于肚脐的下方。为了不使月的生命之水被日消化掉，就必须在它转化为日之前，把它同化。首先，"水"吸收掉有"地"特性的"香"，这样，失去了特性已经不再是"地"的"地"，就可以融于"水"中。接下来，"火"吞噬掉有"水"特性的"味"，失去了特性的"水"，就可以融于"火"。使用同样的方法，"火"的特性"发光色"被"风"吞掉，"火"与"风"同化。"风"没有了特性"触"之后，与"空"同化。如此一来，现在就只剩下第五个元素"空"——"空"的特性是"声"。这样，瑜伽行者就终止了甘露的流失，或者说瑜伽行者应该把它向上提升。

关于这个"生命之水"的说法和昆达里尼的相关理论是如何结合在一起的，因文本和时代不同而有所不同。在这里，我们能够确定的只是哈达瑜伽行者的身体被比作宇宙，其他的不再探究。

五、（世俗）世界消灭的体现

以数论派哲学为基础的古典瑜伽的主要内容，就是通过止灭原质的活动来促使神我的显现。在哈达瑜伽中可以看到这样的构图，即通过止灭这个现象世界来到达神圣的梵。也就是说，瑜伽所进行的是止灭这种现象世界。

"地""水""火""风""空"五大元素分别与第一到第五脉轮相对应。气从最下部的第一脉轮依次向上攀升。这一点在前面已经说过。这个气向上攀升的过程就是世俗世界消灭的过程。

在"地"中，有仅存于"地"而不存于其他物质的属性——"香"。正因为有这个属性，"地"才第一次有可能成为"地"。但是，在（世俗）世界消灭时，首先地上的生物会灭亡，须弥山会崩塌，大海会消失，甚至五大元素也会消失。在这个过程中，瑜伽行者通过气的循环运行，来感知（世俗）世界的消灭。在（世俗）世界消灭的尾声，实践体会与梵合二为一，这是哈达瑜伽中大宇宙与小宇宙的合二为一。

第五章 瑜伽的展开

第一节　初期的瑜伽

一、瑜伽的起源

关于瑜伽的起源，现在还不甚明了。一部分研究者试图从吠陀所说的苦行者的密仪实践中找出瑜伽的起源。还有一部分研究者，与其说试图从雅利安人的吠陀中寻找瑜伽的起源，不如说是在非雅利安人的传统中寻找瑜伽的起源。总之，瑜伽这种宗教实践方法与以吠陀为基础的祭祀主义不同，它有着很强的非雅利安人的要素，这一点是毫无疑问的。

在雅利安人入侵印度之前的"古印度河流域文明"（Indus Valley Civilization）[1]遗迹之中，可以找到如瑜伽行者一般打坐的

---

[1] 古印度河流域文明：约公元前3300年至前1300年，也称哈拉帕（Harappa）文明，是世界上最早的文明之一。考古学家在印度河、萨拉斯瓦蒂河流域发现了摩亨佐·达罗和哈拉帕两个古代城市遗址，发现了大量石器、青铜器、印章和农作物遗迹，估计两座城市人口都在4万以上。

神像。在神像的头顶上有如湿婆神的武器三叉戟一样的尖角。由此可以推断该神可能是后世活跃于印度教的湿婆神的原型，也有很多人试图从神像的样貌中找到瑜伽行者的原型。

印度神话中经常可以看到湿婆神是瑜伽行者的故事，也有研究者认为，这位打坐的神并不是在进行瑜伽。总而言之，瑜伽的起源还是一个谜。

二、瑜伽的文献依据

我们已经知道，公元前800年到公元前700年，印度人通过调整呼吸和集中精神，可以获得特殊的宗教体验。这种宗教体验，是与专心于吠陀祭祀的婆罗门僧侣群体不同的人群所追求的体验。从公元前700年开始，反抗吠陀祭祀（以护摩祭和甘露祭为中心）的《奥义书》哲人们开始活跃起来，他们寻求的是直接证明宇宙原理"梵"。在《奥义书》群体中可以看到瑜伽初期的形态。《奥义书》哲学以求知为止，而瑜伽是在舍知的过程中获得某种体会。这样来看，《奥义书》和瑜伽在所求方面原本就不同。随着时代变化，两者之间又以各种各样的形式相互渗透。

在瑜伽实践方面，从《歌者奥义书》（*Chandogya Upanishad*，属于最古老的《奥义书》群体）（8·15）中可以看到制感这种实践。另外，从同样古老的《大林间奥义书》（*Brihadaranyaka Upanishad*）（1·5·23）中也可以看到调息法的实践。本书中所提及的瑜伽这一概念的首次出现,是在《鹧鸪氏奥义书》(*Taittirīya Upaniṣad*)(2·4)和《石氏奥义书》(*Katha Upanishad*)中。

《石氏奥义书》中有一则很著名的神秘寓言。年轻的婆罗门少年纳基凯达希望能和死神阎摩谈论人死后的命运。阎摩指向地上的财富试图让少年纳基凯达转移这个话题,可是这个年轻人却不明白。最后,阎摩确立的密仪就是"我"(ātman),是"通过理性和博学也无法得知的"。从《石氏奥义书》的这一记载中我们可以得知,《奥义书》追求的真的自我是通过瑜伽的方法来实践的。

> 你应该知道,"我"是驾驶马车的人,身体是马车,感官是马,感官的对象是马驰骋的场所。
> ……有智力,心时刻保持坚强稳固的人——这个人的感官就能被控制,就像被驾车人所控制的顺从的马一样。

三、瑜伽的形象

在这里,看不到瑜伽这一术语,但恰如 M. 伊利亚德指出的那样,"以上所讲的形象是十分瑜伽式的,马具、缰绳、驾车人、顺从的马都与梵文词根'yuj''加桎梏'有所关联"[1]。在同一个

---

[1] 引自立川武藏译:《瑜伽》,せりか书房,第一卷,第194页。

《奥义书》中，瑜伽被明确提出来了。

> 如这般坚固地控制感官
> 人们认为这就是瑜伽
> 这时，人不可乱心

另外，在这个《奥义书》中还有很重要的一点，那就是书中提及后世印度主义中的毗湿奴信仰与瑜伽相互整合的萌芽。

> 持有驾车人的知力……是在心中持缰绳的人——
> 这个人旅行的目的地是毗湿奴所在的最高的居所。

在后世的印度教中，湿婆信仰与瑜伽的结合日益加强，而毗湿奴信仰则与巴克提瑜伽（献身瑜伽）建立起了深厚的联系。关于这一点，我们将在下一节中具体论述。

与《石氏奥义书》同时代的《白螺氏奥义书》(*Shvetashvatara Upanishad*)中，更加详细地记述了瑜伽的实践。

> 启动（上体）的三（部分），保持身体不动
> 和心一同把感官一点点地放入心脏
> 贤者乘着梵之船
> 应该可以渡过可怕的湍流

自己把息压制在身体之中，抑制身体的活动
之后，减息，应该通过鼻孔呼吸
如同懒散的马拉着的马车一般的自己的心
贤者应该控制住不被扰乱

在没有小石块、火、碎石头，清澈平坦的地方
水等声音的缘故，思念十分舒畅
不为人知，由风来守护的神秘之所
人应该实践瑜伽……

轻妙、健康、坚固、容颜清丽、声音欢畅、
香味甘美、没有排泄物——
这被称为瑜伽进入的第一阶段

在这里我们可以看到瑜伽八阶段中的"体式""制感""调息"。虽然从以上记述中还看不出是何种内容的三摩地，但是可以认为，它与《瑜伽经》中的三摩地没有太大的不同。

被认为成书于公元2世纪之前的《弥勒奥义书》(*Maitrayaniya Upanishad*)中虽然缺少"禁戒""劝诫""体式"三个阶段，取而代之的是"思虑"（tarka，反省、判断力），但此书中也记载了剩下的五个阶段。《瑜伽经》虽然成书于公元2到4世纪，我们也可以说，在2世纪由帕坦伽利编纂的瑜伽体系大致已经形成了。

第二节　巴克提瑜伽（献身瑜伽）

一、《薄伽梵歌》（*Śrīmadbhagavadgītā*）的形成

至公元 2 世纪左右，对瑜伽乃至对印度教整体来说，重要的圣典已经问世了，它就是《薄伽梵歌》，它是印度最大的叙事诗《摩诃婆罗多》（*Mahābhārata*）第六卷中插入的五王子和百王子战争开始之前的场面，约有七百颂（一颂是三十二个音节的梵语韵文）。后世，人们把《薄伽梵歌》作为独立的圣典。

真正战争开始的时候，五王子阵营中的第二个王子阿周那（Arjuna）想到要与自己的亲族和友人打仗，有些心灰意冷。毗湿奴神（化身黑天）变身为他驾驶战车的驾车人，向他解说了三种瑜伽，并且在阿周那面前显露了自己真实而巨大的样貌，说服阿周那王子要发挥作为武士的职责。

战争持续了十八天，两军的士兵几乎全军覆没。《薄伽梵歌》的主要内容是"三种瑜伽"。所谓三种瑜伽，是指"智的瑜伽""行的瑜伽"和"巴克提的瑜伽"。

《薄伽梵歌》中"瑜伽"一词的意思，有必要稍微说明一下。这里所说的"瑜伽"与《瑜伽经》中的"瑜伽"意思几乎相同，但在"三种瑜伽"中，它的意思是"道""方法"。"瑜伽"一词本身有"适用""应有的状态"之意。因此，瑜伽意指"道"，并不是很特殊。但是，《薄伽梵歌》把"智""行为""献身"这三种宗教实践称作瑜伽，改变了后世瑜伽的命运。

《薄伽梵歌》的作者或编者当然知道《弥勒奥义书》（*Maitrayaniya Upanishad*）中所说的那种形态的瑜伽（即《瑜伽经》式的瑜伽）实践方法，并在此基础上论及所谓狭义上的瑜伽。同时，《薄伽梵歌》还在极其广泛的意义上使用了"瑜伽"一词，比如，"宗教实践之道"。这是创作意图下进行尝试的结果。

二、统一的尝试

《薄伽梵歌》的尝试是贪婪的。这是因为，它试图统一整合印度宗教形态之中的大部分抗争和纠葛。这个统一整合大致上分为两个方面。一方面是统一了"智的道"（jñāna，智瑜伽）与"行为的道"（karma，业瑜伽），另一方面是整合了自古就有名的两个修行之道和新兴的"献身的道"（巴克提瑜伽）。《薄伽梵歌》的这个统一整合的尝试获得了很大的成功，这个划时代的尝试，使其成为至今最重要的印度教圣典。很多印度教的思想家从各自不同的立场为《薄伽梵歌》作注，大量注释书问世。从这些注释书的形成史中，我们可以了解到印度教的思想史。

智瑜伽继承了《奥义书》以来的传统，试图通过特别的知识，或者说是直观智，来体会根本原理。它与古典瑜伽的方法是相通的。业瑜伽在第一层意义上指的是吠陀时代以来的祭祀主义，但是，由于《薄伽梵歌》特有的暧昧性，也指其他的行为。当驾车人奎师那（Kṛṣṇa，黑天，毗湿奴神的化身）向阿周那王子说教"应该进行行为之道（业瑜伽）"的时候，这里的"行为"（业）指的是武士阶级的义务，即战争。

关于行为（业），注释家们从各种不同的立场进行了说明。例如，近代著名的印度教哲学家斯瓦米·维韦卡南达（辨喜）就把行为（业）视为劳动和侍奉。20 世纪的"自主自产运动"[1]的要点是忘却结果，专心于行为（业）。

一般来说，"行为"的目的是"结果"。但是《薄伽梵歌》没有期待"行为"的"结果"，并且发令说"进行行为（业）吧"！在这里可以看到一种自我否定，即自我放弃"行为"的"结果"。这种自我否定，对宗教行为来说，正是对世俗的不可或缺的否定。这也是《薄伽梵歌》后世之所以能够成为谋求个人解脱（精神的至福）这一类宗教（几乎是后期印度教所有教派）圣典的一个主要原因。

---

[1] 自主自产运动：印度于 19 世纪末 20 世纪初发动的反对英国殖民统治的运动，其代表人物是巴尔·甘格达尔·提拉克。

三、"圣化"之道

宗教也是一种行为。只要是行为，就有追求目的或者结果的需要。"行为的瑜伽"（业瑜伽）在无视"行为的结果"时所出现的"结果"，本就意味着世俗的利益，或者世俗的繁荣，而不是"解脱"（精神的至福）。在吠陀宗教中，人们通过举行祭祀，或者请婆罗门祭司举行祭祀，来祈求子孙绵延，健康长寿。《薄伽梵歌》在批评吠陀祭祀的同时，舍弃了对这种行为的报酬的期待，主张应该专心于各自的义务。《薄伽梵歌》说道："行为胜于无行为。"

神是不生不灭的。为什么呢？这是因为"常住"（佛没有生灭变化，永恒存在）。人会出生，也会死亡。但是，如果我们认为"人会出生，也会死亡"是错误的想法，那么，我们"真的自我"（ātman）就会不生不灭。《薄伽梵歌》主张，无论是通过"智的道"（智瑜伽），即狭义上的瑜伽，还是通过"行为的道"（业瑜伽），都可以成就这个"我"（ātman），即"圣化"。这样一来，"我"（ātman）把止灭"肉体的运动"和"一切心的作用"的道（瑜伽）成功导入了"行为的世界"。也就是说，通过"行为"的自我否定而产生的瑜伽行者通往"圣化"的道路，就是"行为的瑜伽"。但是，《薄伽梵歌》的尝试并没有到此为止。此前渐渐发展起来的毗湿奴信仰开始比其他的两个道更加繁盛。吠陀诸神都是人格神，只能通过婆罗门僧侣的祭祀仪式才能与人交流，至少不是能够通过个人寻求自我解脱（精神的至福）

的诸神。

在吠陀之后出现的《奥义书》的"宇宙我"(梵)和"个我"(我)也不是所谓的人格神，是只有贤者才能通过"智"直接证明的哲学性原理。据推算，在《奥义书》之后，大约是公元前3世纪至公元前2世纪，才出现了对具有人格的、能与婆罗门僧侣以外只要具有信仰的人直接交流的毗湿奴神的信仰。人们不是通过僧侣，而是向能够有问必答的"活着的神"进行祈求。仅仅依靠《奥义书》所说的抽象原理是不充分的。虽是如此，《薄伽梵歌》却无法无视《奥义书》的传统。事实上，《薄伽梵歌》在《瑜伽顶奥义书》（*Yogaśikhā Upaniṣad*）和各章结尾对自我进行了解读。因此，可以说《薄伽梵歌》完成了一项大胆的工作，即把"宇宙我"(梵)和"个我"(我)以及毗湿奴神作为同一种存在。这样一来，比以前更为广泛的人群可以接触到《奥义书》的"智"的传统，出现了可以直接与每一个个体进行交流的"神"，对这个"神"的信仰被称为"献身的道"（巴克提瑜伽）。

四、对毗湿奴的崇拜

梵语"Bhakti"（巴克提）是从梵语动词词根"bhaj"（"分享""参加""适合"）一词中衍生出来的，一直以来，常被翻译成"献身""献信""献爱"等。这个信仰的形态类似于净土信仰中的阿弥陀信仰。鲁道夫·奥托[1]在《印度的恩典宗教与基督教》中指出，这个信仰与基督教信仰（特别是新教教义中的基督教信仰）有共通之处。

巴克提瑜伽的要点是把心集中在自己（即毗湿奴）上，除此之外，什么都不需要。这种确定性正是《薄伽梵歌》成功的秘密。对于考察"瑜伽的展开"的我们而言，有一点是十分重要的，那就是这种献身的方法被称作瑜伽，并且其传统延续至今。但是，我想说明一下初期巴克提和后期巴克提的异同。在《薄伽梵歌》所代表的初期巴克提瑜伽中，心应该平静地向毗湿奴神靠近，把毗湿奴神的形象［正如我们在第三章《毗湿奴往世书》（*Viṣṇu Purāṇa*）一节中看到的］浮现出来，并且把毗湿奴神的形象始终固定在自己体内。但后世，特别是《薄伽梵往世书》（11世纪）以后，为了向毗湿奴神献身，行者甚至会跳舞、哭泣、发笑以及大叫，在狂者的陶醉中向神祈求。这个后世的献身之道，已经不再是瑜伽。

马哈拉施特拉邦的圣者嘉纳释瓦参加了后者形式的巴克提运动。他是毗湿奴神的化身维塔尔神的狂热信徒。从他的《薄伽梵歌》注释书《嘉纳释瓦注》中，可以感受到只有陶醉于神的人才会有的疯狂和兴奋。虽然行者的跳舞、哭泣以及大叫都无法被传达，他入定的时候，在他的面前也许已经出现了毗湿奴神，又或者他出现在维塔尔神中。

---

[1] 鲁道夫·奥托（Rudolf Otto）：生于1869年9月25日，卒于1937年3月7日，是德国信义宗神学家、哲学家、宗教比较学家，被认为是20世纪最具影响力的宗教学学者，以"努秘"一词的概念而知名。他的作品起始于自由主义神学，始终具有卫教的色彩，试图对抗自然主义哲学的批判。

第三节　佛教思想与瑜伽

一、初期佛教的瑜伽

佛教是公元前5世纪由佛陀（Buddha）开创的，从13世纪起，其在印度的势力开始逐渐减弱。它否定吠陀圣典的权威，批判婆罗门中心主义。佛教虽然没有在印度生存下来，但是在斯里兰卡、泰国等南方诸国，尼泊尔、中国、日本等北方诸国，都保留着重要的分支。但是，佛教与瑜伽的关系其实非常密切。佛陀批判祭祀主义和极端的苦行主义，而采取一种"冥想"的方法。初期佛教的冥想法，一般被称为"静虑"（dhyāna）或者"等至"（samāpatti）[1]，很少被称作瑜伽。但佛教徒及这种方

1　等至：音译三摩钵底、三摩拔提、三摩跋提，佛教术语，是定的别名。四禅那（禅定）与四无色定，合称八等至。

法无疑是广义上的瑜伽，而且后世佛教内部很盛行使用"瑜伽"一词。

印度教采用祭祀体系，必须与法律、占星术、建筑等人类的生存形态以及所有的方面相关。但至少佛教的初期形态，只要与个人的觉悟（精神的至福）相关就可以了。因此，佛教中冥想法（等至或者瑜伽）的比重是很大的。佛陀是印度最早期的伟大的瑜伽行者。

佛教的宗教实践是由被称为"三学"的"戒""定""慧"构成的。通过戒（戒律）来调整身心的状态，以定（禅定）作为获得觉悟的手段，再通过禅定可以获得作为其目的的慧。初期佛教中最基本的定是"四禅"。《布吒婆楼经》（*Poṭṭhapāda sūtra*）中有关四禅的说明是最为有名的，在这里，我们来简单地归纳一下它的要点。

二、四禅与四无色定

初禅是指，"寻"（粗略的考察）和"伺"（细微的考察）被无间断地发现，因从世俗欲望中脱离出来而产生的"喜"（满足于现状）和"乐"（平安的心）的状态。第二禅是指，"寻"和"伺"没有了以后存在的"喜"和"乐"的状态。第三禅是指，"喜"也没有了，只有"乐"的状态。第四禅是指，离开"乐"，"念"（心）变得清净的状态。

实践上，四禅到底是怎么回事，是很难理解的。佛教把世界划分为三界，分别是"欲界"（感觉性的欲求盛行的世界）、"色界"（感觉性的欲求消失，只有物质性东西残存的世界）以及"无色界"（物质性东西也消失以后的纯粹的心的世界）。四禅就是住在色界的人们所持的定。

我们（至少我）是住在欲界的，虽然我们不知道离开了欲界的色界的事情，但是，在四禅中，定的位阶是通过心的要素一个个的消失来进步的。这与古典瑜伽中"心的止灭"这一点是共通的。

体会过色界的人，下一步会向无色界（四无色定）进步。四无色定的第一步就是"空无边处"。空无边处是指思考"虚空是无限的"的同时，"心"与"空虚"的无限性关联在一起的精神状态。超越了这个状态，在思考"认识是无限的"的同时，"心"与"认识"的无限性关联在一起的精神状态，就是"识无边处"（即四无色定的第二步）。进一步超越了这个状态，在思考"没有任何实在的东西"的同时，"心"与事物的"非实在性"关联在一起的精神状态就是"无所有处"（四无色定的第三步）。接下来，决意"我什么都不思考"，所有的表象和意识都消失的状态就是"非想非非想处"（四无色定的第四步）。"非想非非想处"的意思是没有任何念想，也不执着于没有任何念想。

在这里，我们可以感知到，古代的佛教徒在分析自己体验的同时，最终是向着"止灭心的作用"进步的。佛教徒，还有印度教教徒都相信，在"止灭心"的境界必然有什么东西（神圣）正在等待着自己。佛教徒不相信宇宙原理"梵"的实在性。

但是，他们相信在"心的作用"（即世俗）被止灭的时候，就可以达到涅槃（Nirvāṇa）的境界。

三、大乘佛教与瑜伽

从公元1世纪左右开始，印度大乘佛教的传播非常兴盛，此时期，瑜伽在大乘佛教中仍然占有重要的地位。在这里，我们首先来看一下在佛教的密教主义（密教）开始抬头之前的大乘佛教（显教）中的瑜伽，之后，我们再来考察密教中的瑜伽。

从显教的立场来看，印度大乘佛教中有"中观派"和"唯识派"两个学派。前者是龙树（Nāgārjuna，2世纪左右）的体系，后者是4世纪左右由著名佛教人物无著（Asaṅga）和世亲（Vasubandhu）两兄弟确立的。"唯识派"还被称为"瑜伽行派"（Yogācāra）。在本书中，主要论及龙树的基本立场、世亲的瑜伽观、与唯识派颇有关系的"现观"（abhisamaya）瑜伽行法。

1. 龙树与瑜伽

龙树的主要著作有《中论》，这部经典决定了此后大乘佛教基本的发展道路。这部著作与瑜伽虽然没有什么直接的关系，但是它与瑜伽所追求的目的是相同的，只是所走的道路不同。对瑜伽来说应该止灭的世俗是"心的作用"。而对《中论》来说，应该止灭的东西是语言，特别是成为文章（命题）形式之后的语言。对龙树来说，语言即世俗的世界。只要使用语言，就不能够体会到作为神圣的"空性"（śūnyatā 或 śūnya）或者涅槃。这是因为，只要使用语言（如果使用瑜伽式的风格来说），心就会一直发挥作用。

龙树在《中论》中想说的就是，无论是怎样的语言（命题），在最高真理空性的立场上，都是不能成立的。龙树主张"孩子笑""花开"这样的日常语言或者命题，本来就是不成立的。为了证明这一点，龙树在《中论》中指示了几个方法。关于这一点，我已经在其他地方[1]说明过了，在此不再赘述。

"孩子笑""狗跑"这样的语言（命题），从与事实一致这个意义上讲是真的，在日常生活中也是有效的。龙树并没有否定这一点，而是主张为了达到最终的真理空性，必须止灭所有的语言，不仅仅是表现为声音或者文字的东西，还有通过语言来思考的东西。

在这里，我们可以看出，龙树的方法和瑜伽都是想切断日常中通过语言进行的思考。那么，这个世界会在埋葬了所有语言和思考之后的虚无黑暗中终结吗？这是不是我们应该追求的空性？龙树做了回答，即空性作为"假说"（假设）苏醒。所谓"假说"，指不真实存在，但是又通过语言可以假设给世界命名（设定）的意思。假说是作为世俗的世界在接触了作为神圣的世界后被圣化苏醒的世界。这一点和通过三摩地觉醒的瑜伽行者，以更加新鲜的眼光来观望自己周围的世界非常相似。

---

[1] 作者立川武藏在其著作《空的构造》中，对龙树的《中论》做过详细说明。《空的构造》，レグルス文库，第三文明社，1986 年。

通过"空性"(按字面来说就是"空")一词，龙树到底想表达什么，这很难理解。一般认为，龙树是根据《般若经》形成了自己的思想，但《般若经》的理论、论法与《中论》的理论、论法有着很大的不同。关于这一点的解说，在这里也不得不先放一放。总之，在《中论》以及龙树的其他真实著作中，"智慧"(般若波罗蜜)一词并没有作为重要的术语出现。因此，龙树是否通过"空性"一词来意指"智慧"，还是一个疑问。这也许是因为龙树想止灭"智慧"这种东西。龙树否定世俗的态度是彻底的，在这层意义上，《中论》的空性与《瑜伽经》中的无种三摩地非常相似。

2. 唯识派（瑜伽行派）的瑜伽

唯识派（瑜伽行派）的世界观和实践理论，恐怕是佛教所有教派中最为复杂难解的，所以在这里，我只想看一下唯识派瑜伽的一个侧面。被称为"瑜伽行派"的这个学派的"瑜伽行"的要点是通过三种东西的性质（三性）来说明的。这三种东西是指"依据他的东西"（依他性）、"被构想的东西"（分别性）以及"最终的真理"（真实性）。所谓"依据他的东西"（依他性），是指认识的能量母体。"他"是认识的对象。"依据他"就是指认识抓住他（也就是对象）首次成立的样态。应该注意的是，"依据他的东西"不如说是指没有抓住对象的能量样态。如果没有对象，意识就无法成立，但觉悟到对象原本就是不存在的，才是这一学派的"瑜伽行"。在这层意义上，"依据他的东西"这一名称本身就已经有"应该使其止灭"的命运。这一点也许通过考察"被构想的东西"会更加清晰。

对象一旦被认识，在这个母体之上就会反映出对象的形象。通过这个形象，我们就可以构想这个对象的存在。这样一来，在"依据他的东西"上反映出来的、被认为存在的东西就是"被构想的东西"。简单来说，被认识的对象就是"被构想的东西"。当对象被认识的时候，"依据他的东西"和"被构想的东西"就会变得很难分辨。

"最终的真理"是指在"依据他的东西"中，"被构想的东西"消失，也就是说不抓住对象。该学派主张，思考对象存不存在，这只不过是认识在审视自己而已。总之，失去了对象也就是"他"的"依据他的东西"之中，也发生了变化，最终会升华为智慧之光。这就是唯识派瑜伽的特质。也就是说，哪怕是如针尖一样微小的存在，唯识派都不希望切断它的能量母体，希望有什么东西能够保留下来。这样，瑜伽行派与《中论》的不同之处也就自然而然地清晰了。《中论》的理论架构中没有保留"智慧"等任何东西的存在。

所以，中观派与唯识派的不同之处在于，有没有通过止灭世俗来使神圣显现这一构造。但是，存在于佛教之中的这个不同之处，对于后世的影响是无法忽视的，这是因为毫无遗漏地把所有的东西都导入"空性"这个大前提中，在唯识派中是不存在的。

从否定世俗的手段中逃脱出来的残留下来的东西是存在的，

而它们的存在会危害到中观派的立场。但是，有些东西没有被止灭，而是残留下来。这种立场在之后的大乘佛教中势力逐渐增强。佛教中瑜伽的发展方向，与其说是止灭全世界，不如说是使残留下来的东西显现出来。

3. 现观

现观的行法，在日本几乎没有实践，但是在印度、尼泊尔、中国西藏的佛教中却是十分重要的，也是一种瑜伽。正如其名字所表示的那样，它的意思就是使对象的样态（形象）原原本本地显现出来。

现观的理论和实践体系，是因为注释《般若经》而得到发展的，比起与中观派的结合，它与唯识派的结合更为深远。现观的目标，与其说是止灭所有心的作用，不如说是活化心的作用。现观的基本文献是《现观庄严论》(*Abhisamayālamkāra nāma prajñāpāramitopadeśa śāstra*)。《现观庄严论》成书于公元三四世纪，这个时期的佛教已经出现了与《中论》不同的证悟方法。

"这朵花是红色的""这朵花很美"，我们经常会把对象（例如，花）与谓语连接起来。这是因为，通过这样，花的特质可以被正确地表现出来，为我们所认识。在现观的实践中，把所有的谓语都称作"行相"[1]，实际上这些行相虽然有微妙的差别，

---

[1] 行相（ākāra）：字面意义为外形、表情、姿势等，可以用来指事物的外显形状、形态，也可以用来指心意识对于外界的取境而产生的影像。

但是现在还不构成问题。除了"红色""美",用于修饰花的谓语还有很多。知道了这些花的谓语,就知道了花的特质,而与主语"花"连接的谓语几乎是无限的。以无限的谓语为素材制作"谓语的体系",这几乎是不可能的。另外,主语不仅仅是"花",世界上无数的东西都可以成为主语。

在这种程度的困难面前,印度的哲学家们并没有退缩。他们对无数的谓语进行了整理分类,总结出可能记忆的数量。他们有信心可以制作出这样一个谓语[西洋学者有可能选择使用"谓语形态"(Kategorie)]体系,即无论眼前出现怎样的对象,在所在的地方都可以正确地表现对象特质的谓语体系。当然,这不仅仅是理论体系,也是一种实践体系。现观属于广义上的瑜伽。

十分明显,这种现观的理论和实践的方向,与龙树《中论》的理论有着很大的不同。在《中论》中,任何命题都是不成立的。也就是说,与任何东西(主语)相连接的谓语都是不成立的。而在现观的体系中,正因为有所有的谓语,命题才能成立。至少,在现观中看不到努力否定行相(或者说谓语)。

被称为现观的体验,也许就是指《瑜伽经》中的三摩地,即"心"成"空",只有对象的状态。那么,就会产生这样一个疑问,即现观的追求是否停留在所谓的"有想三摩地"(有对象的三摩地)上。恐怕,现观所追求的目的与《瑜伽经》所追求的并不相同。

现观所追求的是使对象原原本本地显现出来。这种情况下,对象的形象是应该被止灭的世俗，而不是圣化的世界。这样把对象的形象圣化的方法与后世的密教主义有相通之处。事实上，现观是密教主义中的重要实践方法——观想法（成就法）的基础。

四、集中、控制的东西

上面，我们概述了初期佛教中的"八定"（四禅和四无色定）、大乘佛教《中论》中的"空"思想、唯识瑜伽、现观。在使心集中起来进行控制这一点上，这些思想之间有着共通之处，虽然在止灭心的作用的方法、程度上有所不同。

大致来说，瑜伽分为两种：一种是像古典瑜伽中的无种三摩地那样完全止灭心的作用的瑜伽，另一种是像现观那样把心的作用止灭到能够把握对象的形象为止的瑜伽。出现这两种方向的不同，其原因很明显。对古典瑜伽来说，心的作用，也就是原质是世俗的东西，只有神我才是神圣的东西。对哈达瑜伽来说，最终的目的是与梵的一如，只要身体的宇宙已经圣化，那么这里所说的现象就不应该单纯地被止灭。

对初期佛教而言，到达神我的境界并不是目的。通过"定"获得"慧"才是目的。对他们来说，世界（欲界和色界）是"即使舍弃也不可惜"的，还没有对"对象形象"的执着。《中论》主张，"空性是假说"，也就是说试图止灭所有的语言、思考的龙树在体会到空性之后，会返回来拯救语言、思考的世界。

到了唯识派，他们不允许认识的能量母体（依据他的东西）消失，应该要留下什么东西。对不认为存在神我和神的佛教徒来说，神圣是内在的，也就是我们的认识能量。接着到了现观瑜伽，对象的行相不会被止灭，而是活生生地显现在我们面前。这样的变化是与佛教的历史相呼应的，当然有一定程度上的差别。同时，也与印度教哲学的历史有关系。到了密教时代，瑜伽与对象的形象的关系越来越密切。神圣越来越内在化，不是在止灭心的作用后求得的神圣，而是心的作用本身被圣化。

第四节　曼陀罗与瑜伽

一、密教主义

　　密教主义也跟其他的印度宗教一样，把瑜伽作为其主要的实践法，但它的形态与古典瑜伽和初期佛教的瑜伽都有些不同。前述的哈达瑜伽受到了密教，特别是印度教密教的影响。与古典瑜伽相比，哈达瑜伽中的密教影响，特别是在连接形象方面的影响是很大的，它要求瑜伽行者在心中描绘"精身"以及大宇宙的构造图的同时实践瑜伽。

　　在本节中，我们来看一下佛教密教中的瑜伽的一个侧面，即"曼陀罗观想法"。在这里，保持形象是十分重要的。发挥止灭心的作用的瑜伽行者的能量，现在正向活化心的作用这个方向转变，使眼前出现佛或者神的形象。这个形象不是单纯的映象,而是"生活于现实的佛或神"。

瑜伽现在虽然是"对心的作用的某种控制",但不是"对心的作用的止灭"。精神集中在两者中都是十分必要的。但是,心的能量集中的方向是不同的。为什么在佛教中会产生这样的变化呢?为了找到原因,我们有必要概述一下佛教密教的历史。

二、密教经典

密教(怛特罗)是印度从吠陀特别是《阿闼婆吠陀》[1]时代就存在的宗教形态。到了公元六七世纪,其势力急速增强,出现了"泛印度宗教运动",影响到佛教、印度教、耆那教。密教加强了祭祀主义的要素,吸收了土著文化,有着浓厚的神秘主义色彩。

原本对祭祀仪式很冷淡的佛教,从公元3世纪左右开始有意识地吸收婆罗门教僧侣的仪礼,形成了新形式的佛教——佛教密教。记录对诸佛和诸尊的赞歌、供养(pūja)的方法、祭坛制作、手印结法、诸神描写等以论说"作法"为主的经典,在后来被称为"作密教"(事部)。

六七世纪,《大日经》的问世确立了佛教密教。在此之前,祭祀仪式是为了获得现实利益,但是到了这时,成功地把使用

---

[1] 《阿闼婆吠陀》(*Atharvavéda*):汉译为《禳灾明论》,是四大吠陀经的第四部,最晚编著成书。《阿闼婆吠陀》中的神曲由《梨俱吠陀》咒语的部分发展出来,多是神秘巫术,吉凶咒语,兼有科学思想。古印度医学起源于此。

"曼陀罗"（关于这一点，稍后论述）的仪礼"内化"（精神化）了。这属于被称为"行密教"（行部）的级别。

另外，7世纪左右，《金刚顶经》也问世了。在这个经典中写道，通过实践以"曼陀罗"为媒介的瑜伽，可以达成顿悟。与"行密教"相比，瑜伽的重要性增强了。这个级别的密教被称为"瑜伽密教"（瑜伽部）。日本宗教中所熟知的就是以上三种级别的密教。另外，在印度、中国西藏，还出现了第四种级别的密教，即"无上瑜伽密教"（无上瑜伽部）。属于这种密教的修法很多，但现在我们需要注意的是第三、第四种级别的密教中出现了"瑜伽"这个名称。

三、佛教的万神殿

开创佛教的佛陀是导师，而不是神。至少在初期，佛陀不是站在船头被人捧着供品祈祷的神。但是，随着时代变迁，佛陀的形象逐渐升华了。人们把佛塔（Stūpa）作为佛陀涅槃之后的象征，在佛塔前献上花环举行供养祭。

在公元一二世纪，《阿弥陀经》《法华经》等大乘经典问世。在这里出场的佛陀已经不是"站在河岸或者船头"，而是站在"五彩云霞之上的人"了。佛教教徒不仅把佛陀制造成佛的形象，还为他赋予了菩萨、明王、天等神格的形象。到了6世纪，完成了佛教万神殿（诸神的世界）的构建。

佛陀以人的形象被表现出来，其他的神格（菩萨、明王、女神）形象也被创作出来。在寺院或者个人的家里，他们的神像按照一定的作法被供养起来。其中，最主要的作法就是第一级别的"作密教"。第二级别的"行密教"的势力没能增强。第三级别的"瑜伽密教"后来成为印度、尼泊尔和中国西藏密教的基础。第四级别则处于第三级别的延长线上。

四、观想的核心

佛教徒本来就不承认在自己之外有神的存在。因此，就出现了一个疑问，即需不需要神像。一部分人认为，如果需要神像的话，那么通过自己的力量（也就是通过集中精神）在眼前浮现出来就可以了。这是佛教文脉中最根本的道理，根本无法反对。把单独的神格，或者说曼陀罗精神性生产的方法称为"观想法"或者"成就法"。虽然两者之间有着微妙的差别，但在这里不把它视为一个问题。

观想法是瑜伽行者完全依靠心的作用，在自己眼前呼唤出"神"或者"诸神"的"活生生"的形象。有必要把最初的阶段设定为观想的核心。就如同要人工造雪时需要制造雪结晶的东西（设备）一样，在观想法中经常使用的是梵语种子字（文字真言）。例如，行者在自己的心中想起"a"这个梵语字母，把这个文字变化为月亮，并且在月亮上，自己开始观想神格的象征梵文字母（种子字真言）。这样，以每个神格所规定的梵文字母为基础，就可以进行神格的观想。

五、观想之顺序

从传统上来说,观想的顺序有两个方向,即从上部(头部)到下部(脚或者座)以及与之相反的方向。佛或者神以前者的方向进行观想,而人(老师)以后者的方向进行观想。这两个方向不仅仅出现在密教的观想法中,在自古以来的梵语文学中也可以看到这样描写神和人的情况。

这样的观想法传统,在中国西藏和尼泊尔的佛教中得到了保留。中国西藏的僧人格西拉登在德国的汉堡市对于观音菩萨的观想法,曾进行了一周的集中演讲。

格西拉登一边绘制观音画像一边解释说,观音在自己的头上戴着自己所属族主(即阿弥陀佛)的"化佛"(戴在头顶上的小像),面容充满了慈爱,手持莲花。让我记忆尤深的是,这个观想法被称为"瑜伽",用藏语说是"རྣལ་འབྱོར"。

六、玛哈嘎拉(Mahākāla)观想法

居住在尼泊尔加德满都盆地的内瓦尔人[1]中,还保留着从印度传来的大乘佛教。在他们中间传承着观想法的传统。梵语"Mahākāla"(大黑天)是指大的、黑的人。梵语"kāla"有时意为死神,与日本的大黑(与"大国主命"混同)不同,是十分

---

1 内瓦尔人,是尼泊尔加德满都峡谷的原住民,根据尼泊尔 2001 年的人口普查,内瓦尔人的总人口为 1,245,232 人,是该国的第六大民族,占全国总人口的 5.48%。

可怕的行相护法神，他在加德满都盆地十分有名。

观想者首先要想起大黑天模糊的整体样子，然后自上而下分为四部分开始观想。十分有趣的是，把观想最初的四分之一的阶段称作第一冥想，接着，就是观想大黑天的上半身、下半身及整体形象，分别称为第二冥想、第三冥想、第四冥想。另外，观想人类时，顺序是自下而上，也是分为从第一到第四共四个阶段的冥想。

人们会向被这样观想的大黑天献上花和线香，进行供养。即使不是特殊的行者，就连能够读懂梵语文字的一般僧侣也可以这样进行简单的观想。供品可以是在自己心中浮想的东西，真实的形象就可以。这与所处的地点和状况有关。密教中的实践，没有止步于向眼前出现的神格献上供品进行礼拜，而是变得更加突出，即浮现在眼前的神格就是自己。这样进行观想，也就能够"成为一体"（一如）。后者的情况才是密教中的进步阶段，曼陀罗观想法也是后者这种复杂的方法。并且，对我们来说重要的是，在眼前"生产"出神格，并对其进行供养，无论是用眼睛注视神，还是与神成为一体，都被称作是瑜伽。不知道佛陀在世时有没有预知到后世佛教的这种发展？

七、曼陀罗观想法与瑜伽

"金刚多罗观想法"（《观想法的花环》，97号，G·O·S版），是说明曼陀罗立体性构造的为数不多的观想法之一。通过这种观想法来观想"法源"（世界产生的源泉），作为世界基础的四大元素（地、水、火、风）就产生了。如果只看结论，那么，是以地、水、火、风的顺序（即重的东西在下面），自下而上排列的。各元素这样的排列构造，在哈达瑜伽之精身中（没有看到第五元素空）可以看到。

在这四大元素之上，耸立着须弥山。在须弥山的山顶上，盛开着巨大的莲花。在莲花的中央，可以看到四角形的、有四个门的楼阁。它的屋顶是透明的，能够看到里面住着的人——金刚多罗观想法中的女神金刚多罗菩萨以及她身边的侍女。也就是说，所谓曼陀罗图就是从须弥山的上空往下拍摄的"卫星照片"。

我们一般看到的曼陀罗图的最外侧有一个火焰圆圈，所涂的颜色可以分为黄、绿、红、蓝四个部分。这四个部分分别意味着地、水、火、风。与须弥山相比，四大元素所占部分较大，从上俯视的话，看起来像是"超出"了须弥山。

思考哈达瑜伽精身的时候，我们思考的精身图是垂直的构造。地、水、火、风、空五大元素与瑜伽行者身体自下而上的五个部分相对应。而在曼陀罗中，如果用垂直的构造来说明金刚多罗观想法中的各元素，就会出现问题。我们一般看到的曼陀罗图，就像卫星照片一样，大多是从水平的方向上来看世界的。在这里，看不到从"真上"（从头的上面）来描绘哈达瑜伽行者的精身图。

八、自己的发现

曼陀罗原本的意思是"圆",对于密教来说,曼陀罗是观想和体验自己与世界,或者说自己与佛(佛作为世界出现)之间同一性的手段。哈达瑜伽中的精身图与佛教密教中的曼陀罗可以相对应。两者的不同之处是,哈达瑜伽中,世界被收入身体;而在曼陀罗中,身体或者行者自己被收入世界之中。但是,这并不是印度教和佛教密教的不同之处。这是因为,所谓哈达瑜伽式的行法,在公元八九世纪,已经在佛教密教中确立起来了。也就是说,佛教密教同时具有向中脉送气的行法和曼陀罗观想法。13 世纪,印度大乘佛教毁灭之后,印度教虽然保留了一些曼陀罗式的观想法,但是更多的还是致力于哈达瑜伽的行法。

九、在心上描绘的图

今天,我们听到"曼陀罗"一词,一般会想到在布或纸上描绘的图案。但是,曼陀罗其实是在心上描绘的图案。根据属于第四密教级别的"秘密集会",行者坐在沙子上,在自己周围结网,这个网就是曼陀罗的周围。从外边来看,只有这张网,之后,行者在自己的心中创造出曼陀罗的世界。首先在曼陀罗中间创造出一尊佛,这尊佛再创造四位佛作为自己的分身。诸佛结出自己特定的印,闪烁着自己特有的光芒。接着,这四位男性佛旁边会出现四位女神，她们作为四位男性佛的配偶，手持水壶和鲜花，分别坐在东南、东北、西北、西南。在该佛和四位女神圆圈之外的外部，还坐着很多菩萨。这样，曼陀罗就是佛和菩萨所住的城堡。在这个城堡的四面有门，每一道门都有护法神守护。我们通常看到的曼陀罗的绘画，是把已经完成的精神性创造的东西描绘在布上。

曼陀罗上的诸佛，分别象征着世界或身体的构成要素。中心的五佛表示身心的构成要素五蕴，即色彩、形状等的"色"，苦和安乐的"受"，四足（兽）、无足（蛇）、二足（人类）等观念的"想"，身、口、意的"行"，眼识、耳识等的"识"。五佛分别与这五蕴相对应。四位女神表示作为身体以及世界的构成要素的四界（地、水、火、风）。骨骼、肌肉等是身体的地界，血、汗是水界，体热是火界，呼吸是风界。另一方面，地、水、火、风也是自然界的构成要素。

坐在沙子上创作这个世界的行者，在非常短的时间内，在自己的体内创造了任谁都无法实际看到的整个宇宙。在创造完世界之后，行者在自己的鼻尖处，把眼前存在的整个世界缩小到罂粟粒大小。也就是说，整个世界都收入行者个人之中。在这个"整体"变成"个体"之后，还要进行从"个体"变成"整体"的逆向运动，即把在鼻尖缩小到罂粟粒大小的世界再一次还原到原本的世界。这样一来，通过创造曼陀罗，修行者就可以观想到自己与世界，或者说自己与佛之间的同一性。

很明显，这种曼陀罗的观想法和哈达瑜伽有着相同的构造，两者都是以大宇宙和小宇宙之间的同一性为基础的实践形态。与印度教一样，在佛教中，"世界"和"个体"的关系在密教时代是特别重要的问题。瑜伽在以曼陀罗为媒介的同时，把自己置于"世界"和"个体"（大宇宙和小宇宙）的关系之中。

第五节　禅

一、禅的所指

到目前为止，我们概述了初期瑜伽、献身瑜伽以及印度佛教中的瑜伽。接下来，我们来看一下以中国、韩国、日本为中心发展起来的禅。禅，对日本人来说十分熟悉，它是一种瑜伽，其所追求也与初期佛教的瑜伽、古典瑜伽基本相同。

禅是表示"静虑"（dhyāna）形态的"禅那"一词在中国的音译。但是，这里的梵语"dhyāna"不仅仅是指《瑜伽经》的瑜伽八支中的冥想阶段，在广义上还指在此之上的阶段。

据说，禅是在梁武帝时代经菩提达摩（Bodhidharma）传到日本的。我们见到的长着大眼睛的达摩人像，就是他坐禅时的样子。尽管他睁着大大的眼睛，不像是进入了禅定，在此我们姑且先不做论述。禅虽然起源于印度，但在中国得到了很大的发展，可以确定的是，禅是沿着中国人的思维方法发展出来的。

印度人的思考是论理性的。在古代文明中，论理学获得发展的只有印度和希腊。瑜伽所追求的，就是超越了论理、理性、语言这些人类思考能力的东西，印度人都熟知这一点。而且印度人为了说明这一点，使用了论理和理性。但是，在中国却没有像印度和希腊那样的论理体系发展的历史。中国人没有把这种论理整合作为自己生活必需的一部分。中国没有发展很多论理学体系，日本也一样。

另外，中国的西藏是个特例，在中国西藏，人们喜欢辩论，喜欢论理学。中国西藏流传下来了数量惊人的关于论理学、认识论以及前述的现观方面的注解书。不仅仅在论理学和认识论方面，即使在宗教实践阶段，印度和中国西藏的佛教的思考方法也十分接近。

二、扔掉语言的东西

禅是论理学体系，不需要知识的整合性积累。印度和中国西藏的瑜伽行者，虽然主张最终应该舍弃语言和论理，但是却没有试图停止使用语言和论理来进行说明。禅师所走的道路，与印度和中国西藏的瑜伽行者完全不同。也就是说，语言和论理从一开始就被舍弃了。只有舍弃了语言和论理，瑜伽和《中论》的"空性"思想才是同一的。但是，走怎样的道路，这个问题不仅仅是手段，还与目的或者说结果的内容密切相关。

禅认为不需要"大宇宙"和"小宇宙"之间相同性的象征主义，也不关心修行过程中出现的各种各样的精神生理学式的征兆（例如，特定的梦、有颜色的光、发热）。在所谓的修行阶段，不应该询问自己如今修行到了什么地步，没有回顾思考的余地。

"一只手的声音是什么？"禅师问。两只手击在一起才能出声，一只手不能出声。正是因为知道这一点，禅师才会提问。他的意思是说，赶紧把我们日常生活中的语言扔掉吧！印度的瑜伽师按照一定的顺序使用语言进行说明。而禅师的指导，乍一看，是不亲切的。但是，这就是禅的方法，禅师会突然打提问的弟子，或者让弟子泡在水里，意思是让弟子使用语言之外的方法进行思考。

虽然禅有意识地避开了宗教体验的过程，但是并没有比瑜伽更快达到觉悟。相反，弟子无法按照既定的顺序被老师引导，所以获得觉悟反而需要更多的时间。但是，在禅中，也有把体验深化过程当作问题来处理的情况。例如，《十牛图》（通过牛和牧童的位置关系以及牛的颜色来表示宗教体验深化过程的十张图）。但是，这无法与印度和中国西藏那样的整套的哲学体系相提并论。中国人，还有日本人，不得不避开了不擅长的哲学体系的构建，而是依赖于自己擅长的直观表达——有时也是情感表达。

三、没有意识到世界的世界

婴儿虽然处于世界之中，却没有意识到世界。例如，即使看到了花，也不会思考"这种花的名字是芙蓉花（Haibisukasu）"等等。只知道是"花"就可以了。不，就连"花"都不需要知道。他们不需要"花"这个概念，或者说"语言"，只是把"美"（也没有"美"这个概念）映在心上，就连"映在心上"都没有必要，只要有婴儿和芙蓉花就可以了。不，没有婴儿和芙蓉花也是可以的。对于婴儿来说，自己并不是婴儿，也就不需要知道芙蓉花的名字了。但是，婴儿一旦成为大人，就会把世界看作对象（对目的）——也就是与自己相对的、与自己不同的东西。然后就会知道，芙蓉花中有很多种类，分布在世界上的哪些地区，在印度的马哈拉施特拉邦被称之为"贾斯班迪"。柔软的花瓣像雨伞一样收缩着，一会儿工夫，花瓣就打开了，变成一个圆形。红色、黄色的花朵在一片繁盛的浓绿中摇曳，真是一片极美的景象。

当我们关于芙蓉花的知识知道得越来越多，反复体味芙蓉花的美时，我们就会感到不解的焦虑、空虚和郁闷。这并不是因为我们对花的了解还不够，也不是因为看了太多，所以芙蓉花的种类变得越来越少。这种焦虑和空虚的原因是我们知道了自己是与芙蓉花不同的东西。因为这样，空虚感才会油然而生。

那么，怎么做才好呢？我们需要忘记"芙蓉花"这个名字，舍弃它分布在什么地区等之类的知识，不再思考"美"，也不要有"我正在看"的意识。这样一来,这个花(不仅仅花,整个世界)就以原有的样态存在在那里。无论是"花"还是"存在"这样的"语言",也就不需要了,只是在一片豁然开朗中喘息。我认为这就是禅所追求的境界。

禅是如何看待形象的呢?这是一个复杂的问题。众所周知,道元和尚在坐禅时,拒绝保留形象,而荣西和尚在一定程度上加强了与形象的联系。总之,禅所追求的,接近《瑜伽经》所追求的三摩地,至少没有致力于后世密教中的那种形象的精神性创造。

第六章 瑜伽的追求

第一节　超能力与瑜伽

瑜伽的实践是为了创造超能力，比如，透视能力、在空中悬浮的能力、使死者复苏的能力等。这些能力的出现，被认为是瑜伽成就（siddhi，悉地成就）的标志。嘉纳释瓦之所以能够使蔑视自己兄弟的村民产生恐惧，就是因为获得了这种悉地成就的力量。

重视获得超能力的倾向自古就有，如《瑜伽经》约有四分之一的内容都在说明瑜伽实践可以获得超能力这种结果。尽管《瑜伽经》劝诫信众修炼瑜伽不可满足于获得超能力的阶段（3·50），但却用了很多内容来说明超能力。这不得不使我们认为，《瑜伽经》编纂时，获得超能力的这种需求在社会上已经有了相当高的人气。在哈达瑜伽时期，人们比古典瑜伽时期更加关心获得超能力和健康法。

正因为在程度上有所差异，所以这个世界上存在所谓具有超能力的人也是一个事实。在生物的体内确实存在着我们至今都无法说明的能量装置，如被称为"气功术"的技术能量。如果在两手之间制造一个可以容纳网球的空间，就可以感知到两手之间存在生物性的磁力。每当缩小或者放大这个空间，就可以感知到像被线牵引着，或者像磁铁的两极相互吸引一样的力量。

这种现象不仅仅出现在有着特殊素质的人身上，在普通人中也能看到。据说拥有较为巨大的这种能量的人，可以治疗其他人的疾病。通过瑜伽训练有助于增大这种能量。开发体内流动的这种磁力与实践瑜伽行法在某个地方可以相契合，这也是可以理解的。但是，无论如何，对瑜伽的传统来说，追求超能力始终是次要的东西。

第二节　自我透析与瑜伽

瑜伽行法可以让人觉醒。瑜伽行者即使进入了三摩地，也不会失去自我。因此，瑜伽既不是自我催眠，也不是灵魂附体。因为进入后者状态的人不会记得之前的事情，而且重新回到平常状态的时候，原则上也不会记得附体时的意识状态。

但是，瑜伽却可以一直保持这种自我透析。也就是说，在进入三摩地之前的状态和进入之后的状态中，"同一个自我"这样的意识是连续存在的。这个自我连续性，正是作为个人宗教实践的瑜伽的本质。

瑜伽在保持自我的同时，也在控制自我。在《瑜伽经》或者初期佛教的入定这样的瑜伽早期形态中，对于心的作用，与其说是控制，不如说是完全止灭。可以说，这种倾向性是很强的。

瑜伽行者一味地沿着寂灭之路前进，在否定世俗（人的行为）中等待神圣的显现。不对！连这种等待的心都不应该有！没有一丁点儿的傲气，也不做任何处理，瑜伽行者只是跳入了眼前的那片"静寂之海"。

第三节　自律的完成

我们日常时时刻刻都处于受到刺激的过程之中。听着音乐和噪声，看着影像和文字，接触工具，品尝食物，我们的感官和神经几乎得不到休息。但是，如果把人从这些刺激中隔离一段时间会怎么样呢？在最近的心理学研究中有过这种类似的试验。

根据心理学家辻敬一郎（名古屋大学文学部教授）的研究，"随着削弱刺激，大脑皮层的活性化会减弱，意识水平下降。会反复出现单调感袭击全身、情绪不安、思考混乱和退化的情况。意志也会消退，很容易被暗示，知觉会错乱。另外，会产生幻觉。脑电波也会'徐波化'（即脑电波变缓），阿尔法波会延长。当然，这些变化都是暂时性的"。

例如，我现在进入了一个具有隔音效果的黑暗房间，里面没有收音机等东西，只有一些可以保命的食物，我会在里面待一周时间。这个过程中，我只会增加一个上述心理学试验所获得的那种一般观察的实证，而瑜伽行者不会这样。虽然在瑜伽行者的脑里有可能出现阿尔法波，但他还是可以在不见光的房间里待上一周甚至一个月。

在加德满都盆地周边，至今还保留着曾经的大瑜伽行者［莲花生大师（8世纪）、那洛巴尊者（11世纪）等］实践瑜伽的石窟。据说，他们一生只希望与极少数的弟子接触，大部分时间都是一个人冥想。那种冥想的环境在没有月光的时候，四处就是一片黑暗，但他们不会出现思考混乱退化的迹象，这就是瑜伽所具备的力量。瑜伽行者不是通过来自外界的刺激，而是从自己的身体中完成了统觉的自律性。

第四节　投身眼下的大海吧

嘉纳释瓦21岁，在其生理和肉体上欲望最为强烈的时候，通过自我决断（尽管存在促使他这样行动的外部情况）选择入定，这无疑是个例外。在今天的我们看来，甚至说他是"疯子"也不为过。他没有看过我们看过的事物，也没有听到我们听到的声音。在这个意义上，他的确是"疯"了。但他也许看到了他自己应该看的事物，听到了他自己应该听的声音。

在21岁的年纪进入永恒的三摩地，也只有特例是被允许的吧？但我们自己或者说世界上所有的事物，迟早都要踏上一个人"永远入眠"的历程，从这个角度而言每个生命体的命运都是一样的。因此，总有一天，我们也会处于这种没有光，没有食物，也无法获取食物，没有任何声音的地方。

永恒并不是毫无尽头的长久时间。无论多么长久，时间终归是时间，它不可能是永恒的，永恒存在于时间的分割线上。反过来说，永恒存在于瞬间中。我认为，瑜伽通过止灭世界所要追求的东西，就是接近这个"非时间"——瞬间中的永恒。

这位嘉纳释瓦圣者一定是在瞬间中（即永远的相中）看到了从时间的分割线上显现出来的毗湿奴神的样子。当我们身处"黑暗的石室"，五感完全失效时，我们又在看什么、听什么呢？瑜伽只是指示了道理，下达了命令："请脱掉古旧的衣衫，投身眼下的大海吧！"

第五节　控制无意识的瑜伽

对于现代的我们而言，有太多不必要的刺激。因为围绕我们的很大一部分刺激，对于"健全的生存"而言，是没有必要的。若干年积攒下来的刺激，在不断地分化我们的潜在意识。

我们常常感知到，我们的身体状况和精神状态会被有别于自己的意识或者意志的东西所支配。之所以自己可以作为自己生存下去，是因为我们受动于与生俱来的（恐怕是从产生"我"这一个体之前的太古时代开始）比意识更深的地方反复积累下来的东西。一个人的无意识世界，是证明这个人存在的佐证。瑜伽就是控制上升为意识的心的作用的技术，这一点已无须再作解释。另外，瑜伽还是下降到无意识世界，对无意识世界进行调整和控制的技术。

《瑜伽经》中，瑜伽行者之所以可以从"有对象的三摩地"

（有种子三摩地）阶段进入到"没有对象的三摩地"（无种子三摩地）阶段，是因为他试图控制这个无意识的作用。哈达瑜伽的精身中，特别是第二脉轮"受持"[1]与无意识世界联系在一起。

　　止灭世俗的过程，只有虚无吗？瑜伽行者在自己进步的过程中，并没有希望有所目的。这正如《薄伽梵歌》中所讲的那样，"不期待果报，只完成义务"。虽然行者自身不得有任何期待，但瑜伽却与行者约定了目的地。这并不矛盾，这是几乎在所有的宗教中都可以看到的"实践的论理"，"不是人爱神，而是神爱人"。

---

[1] 受持（Adhiṣṭhāna）：佛教术语，又译作受持、依处、摄持、加持、加被（披）、摄受、护念，指奉行佛陀、菩萨、阿罗汉等圣人的教化，借助其神力，得到修行上的力量。接受者谓之"受持"，施予者谓之"加持"。该梵语和巴利语词有另一层意思，汉译作"决意"。

第六节　瑜伽的追求

瑜伽所追求的是什么呢？这因各个宗派所追求的不同而不同。瑜伽是印度以及受其影响的其他地区的宗教实践者，为了获得自己所追求的各种各样的东西而采用的手段。这一点已经反复提到。

但是，如果从整体上来看瑜伽的历史，我们就能发现，瑜伽所追求的东西有变化的倾向，即瑜伽与其说是止灭心的作用或者说止灭世界，不如说是使对象（世界）的形象浮现得更加清晰，把曾经否定的"世俗的东西"视为"神圣的东西"进行肯定。这种倾向性越来越强。

正如一般所说的，"哈达瑜伽最终是古典瑜伽的准备"，在不断承认止灭型瑜伽的主要东西的同时，人们开始变得在乎对象的形象了。

曼陀罗是在乎对象形象这种倾向的顶峰。佛教的密教者们根据佛教的传统,在观想法的过程中冥想"世界是空的"。很明显,曼陀罗观想法的重点是,世界的构造以及其构成要素的形象。对形象的执着,就是对现象世界的执着。这意味着,必须把在古代当作"世俗的东西"被止灭的世界,当作"神圣的东西"进行拯救。

第七节 "自我空间"的发现

我们因被日常生活的繁杂琐事所困扰,无法重新审视眼前的世界。但在日常生活中,我们有时也应该观赏一下美好的日落、天边的云朵、含苞待放的樱花、闪烁着荧光的昆虫的脊背。这样的观赏,不应该只是针对云彩、树木等自然物,亲子、夫妇之间也要这样。你会突然发现之前没有太在意的事情,常常会因为很小的一个举动,使得两人之间的命运发生巨大的变化。这个即"发现世界",也是一种"自我发现"。

不仅仅要去发现自己周围所见的"小世界",我们还要超越这种"与自己亲近的人"的格局去发现全世界。在这个世界上,有动听的音乐旋律,会出现色彩斑斓的宇宙(cosmos)。这个宇宙就像管弦乐一样,每一个瞬间都会发生变化,但又有保持均衡的统一性。

当这个宇宙显现的时候，我们就会知道，自己的心理空间（我称它为"自我空间"）会不知不觉地变成一个庞然大物，就像这个世界一样可以无限地扩展开来。也就是说，"自我空间"与世界本身可以相重叠。并且，这是一个全新的自我形态。尽管这种体验是瞬间性的，不能长时间地持续，但我们自己绝不会忘记这个瞬间的体验，这就是我的曼陀罗瑜伽。

第八节　瑜伽的能量

试图止灭心的作用的倾向和试图活化心的作用的倾向，都存在于瑜伽的传统中。这两种倾向看似相反，但二者却不矛盾，是可以统一的，并且在历史上已经有了这样的努力。

止灭心的作用，是通过止灭世俗来求得神圣的显现。而活化心的作用，是通过神圣的力量来圣化世俗。世俗的止灭（否定世俗）、神圣的显现以及通过神圣圣化的世俗，这三点都与瑜伽息息相关。

瑜伽是获得宗教实践（行为能量）的道路。

后　记

当有人问我要不要写一部《瑜伽哲学》时，我有些犹豫。因为，第一，瑜伽是拒绝哲学的宗教实践方法，所以它不是哲学。"瑜伽哲学"这个题目，至少在当时我认为是矛盾的。要写一个这样的题目非常困难。第二，我本人的研究专长不是瑜伽，我自己也不是学习实践瑜伽的人。这个理由比第一个理由要更为重要。但如果从印度宗教中把瑜伽剔除，那么就只剩下了护摩和供养祭了。很明显，瑜伽正是印度人或者受到印度人影响的人们，在祈求解脱（"精神的至福"）时所遵从的最为基本的方法。

所以，要理解印度的宗教，就不能避开瑜伽。而包括佛教在内的所有印度宗教，其在今天的世界上所具有的宗教性意义，主要也是由瑜伽给予的。这样一想，我决定先不管瑜伽中是否有哲学，我都应该接受这个建议，去积极探索和尝试一下撰写

"瑜伽哲学"。但果如所料,"瑜伽哲学"的视点是极难找到的。

在印度的思想史中,婆罗门正统派和非正统派之间的较量一直持续。无论对哪一派而言,瑜伽都是很重要的实践方法。瑜伽原本就是一种方法,自身并没有确切固定的理论体系。但是,随着执笔的进行,我开始确信,瑜伽可以直击"印度哲学"的核心。无论是婆罗门正统派的哲学,还是非正统派的哲学,瑜伽可以轻易地解决两者的冲突。这是因为,瑜伽把人们导入了印度所追求的"向根源性统一归一"。因此,可以确信,撰写"瑜伽哲学"这个视点是非常充分的。

从今年的 7 月 11 日开始,我一直停留在尼泊尔的加德满都盆地。在该市东面的帕苏帕蒂那寺[1]内可以看到绘有曼陀罗的铜板。在这个盆地,我感受到瑜伽三千年的历史,这样的感受也似乎已经渗入我的"皮肤"肌理。

因为执笔《瑜伽哲学》,我开始学习实践瑜伽。虽然完全没有任何进步,但总能在这个过程中有所体会,那就是对于声音、色彩、形状,我感受到不曾有过的新鲜感。犬吠声、孩子们的嬉闹声、路边的草,还有人的脸,很多都如同第一次见到一般。这令我惊奇不已!一直以来,我都是用头和理论来思考,而从现在开始,我开始用"皮肤"来思考。尽管三摩地还在更远的

---

[1] 帕苏帕蒂那寺(Pashupatinath):位于尼泊尔加德满都东部巴格马蒂河岸边,是一座印度教寺庙,也是印度次大陆四大供奉湿婆的寺庙之一,创建时间可追溯至公元 400 年。"帕苏帕蒂"意为一切生物的保护者,是湿婆的名号之一。在寺庙附近的巴格马蒂河岸边,坐落着尼泊尔最大的火葬场——雅利亚·加特(Arya Ghat)。

彼岸。

本书执笔时，我参照了很多先行研究，并且受益良多。尤其是佐保田鹤治撰写的《瑜伽的根本教典》（平河出版，1973年）。另外，M.伊利亚德撰写的《瑜伽》（一）（二）（本人译，せりか书房出版，1975年）使我从知识层面理解了瑜伽的基础。在此表示衷心的感谢。

讲谈社的渡部佳延先生一直是本书的掌舵人。如果没有他的指导，本书的写作很可能会走进毫无目的的深渊，在此深表谢意。最后，希望本书能够给对瑜伽感兴趣的人带来一点帮助。

立川武藏

1988年8月20日

于加德满都

跋

瑜伽是一种控制心理作用的技法，这种技法在佛教诞生以前就已经存在于印度。瑜伽是佛教历史上最重要的实践方法之一，佛陀也是一位瑜伽行者，禅从广义上讲就是瑜伽的一种。汉传佛教天台宗所讲的"止"与"观"体现了瑜伽过程中的部分阶段。在印度教哲学中，瑜伽也已经形成了一个学派。如上所述，瑜伽不仅存在于印度的佛教和印度教中，也是中国、日本佛教最为普遍的实践方法。

本书为了回答"瑜伽追求的是什么"这个问题，概述了瑜伽哲学，探讨了精神生理学上的"哈达瑜伽"行法，进而考察了瑜伽在佛教中的发展，关于"禅"也设置了一节。本书没有从头至尾介绍瑜伽的历史，但言及瑜伽在今天的意义。希望本书的中文译本出版后，能有更多的人开始思考瑜伽。

立川武藏
2023 年 10 月